一個人住的幸福

臺灣女孩的北京漂流記

Taiwanese Girl in Beijin

高小木 著

【自序】致一個人的青春

一個人，從臺北流浪到北京，早已習慣了這種單身漂泊的生活，而自己的這種一意孤行的生活方式在他人眼中也成為了一種異類。但是，我很清楚這樣的生活不是表面上看起來的那般顛沛流離、孤獨無助，更多的是一種不羈的生活態度——獨立、自由、堅強和灑脫。

去年，我終於在一座櫻花飄落的小鎮安定了下來，並不是說自己不願意「漂泊」了，而是覺得哪個城市都一樣：一樣的高樓大廈，一樣的大型商場，一樣的休閒娛樂設施，一樣的步履匆匆的人群……「漂泊」只是一種狀態，並不是換一個地方，我願意停留，只是因為這裡有和我一樣喜歡一個人生活的朋友。我們趣味相投，簡單地經營著自己的生活，快樂又輕鬆。

就像這些「一個人主義者」所說的：這些年來，已經習慣了一個人的生活，一個人的思索，一人的情感，一個人的孤枕難眠，一個人的走走停停，一個人的打打鬧鬧，一個人的瘋瘋癲癲。

前段時間，一個朋友結婚，婚禮很熱鬧，席間，他無比感慨地說：「單身時，我的臉上寫滿了不屑，所有的理由都無法阻擋揮金如土的氣派；單身是快意人生的江湖，心比天高的我做著一個又一個的美夢。可惜，我今天就要步入圍城，從此自由就沒啦！」他娶的是本地姑娘，姑娘的七大姑八大姨都在這個城市，他除了要應付公主脾氣的女朋友，還要應對「公主家」裡裡外外的親戚，出點差錯便成了眾矢之的。看著他「苦大仇深」的樣子，我打趣他說：「牡丹花下死，做鬼不風流啦！」

我並不是在這裡標榜單身主義，也不是說結婚就意味著失去自由。我不是不婚族、頂客族，但是，年輕的時候，一個人的那種輕鬆自在對我而言是任何東西都無法替代的。

一個人安靜地在夕陽中整理自己一天的情緒，一個人在雨天整理房間，一個人看自己種的花開放的喜悅，一個人在自己的天地裡揮灑著青春的熱情……這都是一些簡單的小確幸，但對我而言就是一個人生活的樂趣。而一旦成家立業，難免會生出許多的顧忌和無奈，也許這樣的顧忌是甜蜜的，是無怨無悔的，但是總覺得生活穿上一件隱形的「壓力衣」，難免拘束和壓抑了一些。

當然，一個人生活，自己承受所有的幸福與痛苦，會感到疲憊和無奈，也會在寂寞的日子裡感到落寞和混亂。

我寫這樣的一本書，就是想讓更多和我一樣喜歡單身的年輕男女，走出一個人的寂寞和混亂，掌握一個人生活的技巧，收穫一個人的豐富和精彩。

在青春綻放的年紀，在個性張揚的時代，我覺得人在一生中至少要徹徹底底地為自己活一次，讓自己任性一回，選擇自己所喜歡的生活方式，真真正正做一個完整的自己。

致一個人的青春！

前言

現在越來越多的時尚男女因為各種原因選擇單身，並且「單身貴族」的勢力大有日益發展壯大的趨勢。

對於單身，很多人調侃它的好處：

單身可以肆無忌憚地看帥哥美女，不光看，甚至吹口哨、調情也沒人管。

單身不會讓愛慕你的人望而卻步。

單身有更多時間做自己想做的事，去想去的地方。

單身可以讓更多異性發展成紅顏或藍顏，進可攻、退可守、關鍵時候能轉手。

……

其實這些都是淺層次地看待單身，當你經歷過風風雨雨，遇到種種困難，有過快樂，也有過淚水時，你會明白一個人的日子如同麵粉在發酵，會讓做出的糕點更鬆軟更可口——

單身會讓我們對愛情有一種「只緣身在此山中」覺醒後的感悟。當我們褪去所有愛情的幻想，現實的愛情才顯出真面目。

單身會讓我們學會珍惜，也許是因為有失去後如釋重負的感覺，也許是因為瞭解了失去的痛苦，從而更加珍惜今後所擁有的自由和愛。

單身讓我們感受到輕微的寂寞，其實那正是用來反省自己、正視自己用的時間。是不是缺乏責任感？是不是很任性？是不是不夠寬容？是不是不適合婚姻？等等——認識自己就是完善人生的第一步。

單身會讓我們感受到除了愛情以外更廣闊的世界。沒有了愛情的癡纏，便能真心體會身邊的人和事，認識到更多的優秀人士，為自己的人生增添一份亮麗的風景。

單身時，你會是衍生出的自由和寂寞的混合體，能增強你透視現實的能力和增長心靈的智慧。

……

可是，很多人當真正面臨單身問題時，也常常面臨著種種的糾結和問題：

亂七八糟，這麼凌亂的家，我該如何下手收拾？

相親，又是相親，何時是盡頭啊！

升職、加薪，我的工作真的我做主？

吃喝玩樂，我的未來到底在哪裡？

天啊，花錢如流水，心疼銀子啊！

我空虛，我寂寞，我無聊怎麼辦？

……

那麼，拿起這本書吧！看看莫西、顧小北、錢莉莉這些崇尚單身的時尚男女，用自己的生活實踐和啼笑皆非的故事來告訴你一個人的快樂和幸福。不僅如此，還給你提供一個個超級簡單實用的解決單身問題的小方法，讓你華麗地轉身成為真正的「單身貴族」。

目錄

年輕就該飛出來

陰差陽錯「租房記」

我的「蹺蹺板」職場

單身公主「生活記」

一個人的戀愛秘笈

錙銖必較的「理財貓」

一株無根草的吃喝玩樂

單著身走更遠的路

Chapter 1

年輕就該飛出來

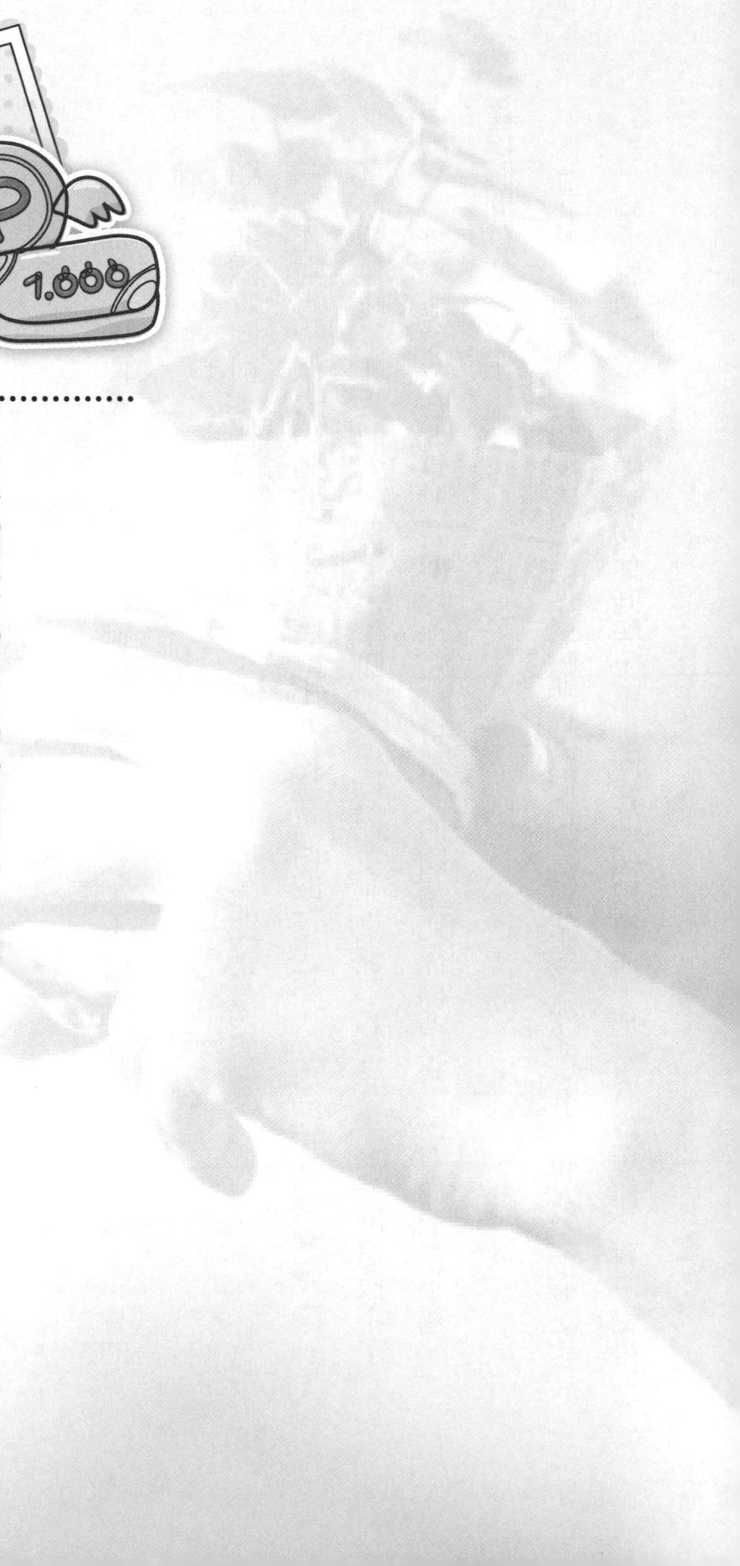

1、小鳥飛出籠

莫西費了九牛二虎之力才說動父母，得以飛出鳥籠，一紙機票直抵北京，去過她夢寐以求的單身生活了。

一下飛機，她便感覺一股強勁的愉悅之風迎面吹來，不由得大呼一聲：北京，單身的我又來了！

顧小北跑步向前，接著來一個熊抱，差點讓嬌小的莫西窒息過去。

「要死啦，一個人跑到北京來。」顧小北接過莫西的行李箱，一口純正的臺灣音。

莫西朝他吐了吐舌頭：「算上大學四年，你已經在北京混了將近八年，怎麼還改不了你的臺灣腔。雖然我在北京的時間比你短，可是我的國語比你標準多了。看你混得不錯，這段時間就住你家了。」

「正妹，哥哥我長這麼大，還從沒跟雌性同居過，妳是上帝派來毀我一世英名的嗎？」

「龜毛脫掉，本小姐願意和你同居，不，同在一個屋裡住，那是看得起你，我沒覺得被吃豆腐，你倒有意見了？」莫西白一眼顧小北，對方一臉倒楣樣，外加一個偷著樂的表情，發動了車子。

顧小北大學畢業便留在了北京，如今他小有成就，開著自己的車，住著公寓，有一筆存款，正籌備著買個房子將單身進行到底。莫西雖然在北京上了四年大學，但是畢業後經不住爸媽的「狂轟濫炸」，活生生被逼回家待了一年，這次好說歹說，終於藉著來北京找工作的藉口逃離「魔掌」。

來到顧小北的單身公寓，莫西嘖嘖稱嘆，房間是年輕人喜歡的全開放式，臥室和客廳通用。一面別致的背景牆，家具不多但精緻實用，牆上不規則地貼滿了喜愛的動漫，沒人會說幼稚或者不喜歡，書、CD、雜誌規規矩矩地收在書架上，但也有一部分凌亂地堆在床頭，真是隨心所欲。和顧小北不同，莫西在家隨便貼一張自己喜愛的男明星海報媽媽都要碎碎唸半天，而自己喜歡的書、雜誌更不能隨便丟，非得規規矩矩放在一個角落，徒有整齊，卻也少了閱讀的心情。

小北屋裡還有一套上好的音響，這對音樂發燒友的莫西來說真是寶貝。在家時，莫西軟硬兼施地叫媽媽買一套，老媽就是沒答應，說是太貴，其實是怕莫西那些奇奇怪怪的音樂吵到他們。

顧小北的小窩，完全是一個人的天地，到處流淌著自由的氣息。這讓二十幾年在家一直跟爸媽同住的莫西一時間對她過去鳥籠裡的那些時光充滿了遺憾。

臥室的牆上貼的全是顧小北的「豔照」，莫西見了說：「一個大男人居然拍這麼多寫真，天天對著自己這麼一張臉，不厭啊！」

顧小北捋了捋頭髮：「青春貌美，再不拍就老了！」

這時，門鈴響了，顧小北出去開門，只見兩個妙齡美女拎著大包小包進來，緊接著又來了幾個年輕男女，原來是應顧小北之邀來給莫西接風洗塵的。

派對中，當大家玩得正高興時，顧小北的電話響了，他看一眼來電顯示，「噓，噓，先安靜安靜。」顧小北神色緊張地說道，「女魔頭來了！」眾人一聽到「女魔頭」三個字，頓時大笑起來。

莫西迷惑不解：「這個女魔頭到底是什麼來歷？」

「女魔頭叫小米。」旁邊一女生壓低聲音對莫西說道，「她跟顧小北在酒吧結識，自此便聲稱非顧小北不娶，天天纏著鬧著要見小北同學，讓那小子一個頭兩個大。」

「沒想到顧小北也有被女人『追殺』的時候！」莫西幸災樂禍地說。

「真是好煩，這年月雌的比雄的生猛，我顧小北單身多年，可不想一世英名毀在她的手上。」顧小北接完電話說。

「有個人天天追著你，對你好，還不知足？」莫西白了他一眼。

「這妳就不懂了，單身就是隨心所欲，在窩裡大小便都沒人管。多一個人，妳敢這樣嗎？」

確實，顧小北週末喜歡睡懶覺，單身就不會有人嘮叨著起床，也不會有人替他計算已經躺在床上的時間，常常可以沒有愧疚感地睡上一整天；顧小北從來都是一人吃飽全家不餓，根本沒有什麼夫妻共同帳戶那種麻煩事，自己的錢隨便花，想買什麼就買什麼，各種新款服飾把自己打扮得時尚帥氣；工作上一個人優勢更多，如果他願意的話，可以工作開夜車，週末加班，可以一直奉陪老闆到底，要是什麼獵人頭公司（註1）打來電話，他也沒有什麼顧慮，立刻走人，哪賺錢多往哪裡去；感情上更是無負擔，有喜歡的人可以約約，相處不好隨時說 byebye，哪天碰到真命女神也不用為某段甩不掉的感情苦惱；一個人還可以自娛自樂，比如用冰箱裡不多的食材做一道午夜飯，興趣來了還可以讓自己成為這方面的專家……

聽顧小北講單身的種種好處，再瞧他一臉的光彩，莫西便毫無防備地迷戀上這樣的生活。

就這樣，來北京的第一個晚上，她就給自己的未來做了一番規劃：

一、有一個自己的小窩，每天整理得井井有條，讓自己的生活清清爽爽。

二、有自己的一群狐朋狗友，過歡樂無比的生活。

三、有一份不錯的工作，讓自己衣食無憂。

四，做好理財，什麼票子、房子、車子我統統要有。

五、做好時間規劃，不讓自己的年輕歲月就此荒蕪。

六、養成良好的生活習慣。

……

總之，她莫西不是無備而來的。

單身攻略

- **困難**——遇到困難不順心時，掏出錢包看看前任男友／女友的照片，問問自己「難道還有什麼比他更難對付的嗎？」這樣你就可以重獲生活的勇氣了。

- **不理解**——總有已婚或傳統人士不理解你的生活狀態，你要做的便是歧視已婚人士，越理直氣壯越好，否則被歧視的是你。不過特殊情況下，已婚人士也能成為好友。
- **自愛**——你可以不是美白富（註2）或者高富帥（註3），但一定要「壞」，「壞」的沒心沒肺，「壞」的理直氣壯，「壞」的不給別人有趁之機，「壞」出精彩。
- **理想**——買得起房也不買房，買不起車也要買車，一個人就是要活的夠炫夠酷。
- **人際關係**——同性密友、異性密友、情人、同學、同事、父母、前男友或女友，以上是一個單身人士關係網依親密程度排列（如果同志，前兩者對調）。
- **習慣**——再混亂的生活也不能打斷自己的好習慣，對習慣而言，堅持就是勝利。
- **孤獨**——和異性看恐怖片，和同事們看搞笑片，和同性看言情片。另外，深夜兩點後的異性電話堅決不接，或者告訴他：滅火隊員也需預約，自救才能逃生！

註1：獵人頭公司（Executive Recruiters）：「獵人頭」英文為Headhunting，在國外這是一種十分流行的人才招聘方式，在這裡是指網羅高級人才的公司。
註2：美白富，是形容一名女子皮膚白皙、又漂亮、又有錢。
註3：高富帥：泛指具有好的出生背景，富有且身材高鯢、長相帥氣，對異性特別具有吸引力的男子。

2、琳瑯滿目都市情

第二天，莫西還沉浸在美夢當中，「起床啦！」顧小北一聲大吼，莫西被嚇得猛地坐了起來，睜開迷糊的雙眼吼道：「姑奶奶正睡得香，哪個混蛋吵我？」

顧小北捏著她的鼻子說：「太陽都曬屁股了，還不起床，真是懶姑娘！哥哥我今天請了一天假，陪妳逛逛北京城！」

一聽「逛北京城」，莫西頓時清醒：「好啊，好啊！」

接著，莫西便以飛一般的速度完成刷牙、洗臉、化妝、換衣服等一系列動作，讓一旁的顧小北看的目瞪口呆，直呼她為「女超人」。

收拾得當，兩人出門。

街上商鋪林立，櫥窗設計和佈置更是花樣繁多，琳瑯滿目，讓人應接不暇，看的莫西嘖嘖稱嘆，頓生繁華之感，不禁大喊：「我今後吃穿都要在北京了！」

顧小北見怪不怪地白了她一眼：「要死啦，這麼大驚小怪，妳又不是第一次來北京」。

莫西才不理會，在這個城市，她有自己的雄心壯志，她要努力工作找到自己安生立命之本；要在這裡收穫一份溫馨浪漫的愛情；要在這裡擁有好幾份可以一起瘋一起哭的友情——在她眼裡，北京這座繁華都市無所不能！

莫西原以為顧小北會帶著自己去天安門、圓明園、北海等這些耳熟能詳的著名景點，哪想顧小北只是帶著她來到了一家小咖啡館。

坐在咖啡館裡，莫西生氣到了極點，尖酸地說道：「說，你帶過多少女生來這裡約會？」

「要死啦，這麼好的地方，我會讓那些沒有品味的雌性動物來蹧蹋嗎？告訴妳，我顧小北只帶莫西來，這可是我的『精神花園』，我在北京最喜歡的一家咖啡館，不是誰都可以隨便帶著來的。」

「那你帶我來幹嘛！」

「妳不覺得這家咖啡館很有情調嗎？」顧小北問。

經顧小北這麼一問，莫西才注意到這家咖啡館：咖啡館的牆面貼著典雅淡紅色的小碎花壁紙，牆面裝有昏黃別致的壁燈，中間則垂吊著一盞華美的水晶吊燈，在周圍燈光的照射下，折射著七彩光芒。整個咖啡館給人一種夢幻的感覺，彷彿有一種溫暖人心的魔力，讓人一進入這家咖啡館就可以拋卻人間煩惱，靜靜享受獨屬於自己的時光。

「妳不知道，」顧小北接著說，「生活在都市有的時候並不是妳想像的那般自由和浪漫，更多的時候只是忙碌和無奈，因此需要這麼一個可以讓自己休息放鬆的地方。」

顧小北的話讓莫西突然有一種莫名的傷感，可是還沒等她細細體會這種感覺，顧小北的一句話差點讓她吐血：「像妳這樣沒心沒肺的人是體會不到的，和妳說這些也是對牛彈琴。牛（妞），咖啡喝完了，我們可以走了吧！」

「去哪？」莫西沒好氣地問。

「雙子座大廈。」

哇，顧小北終於良心發現，要帶莫西去她感興趣的地方了。

雙子座大廈地處東長安街，是一座集辦公場所和商鋪於一體的建築，總投資四億美元，該大廈高一百四十公尺，建築面積十五萬平分公尺，大廈由辦公場所與商場兩部分組合而成，從六樓到三十樓是高智慧型的商務辦公大樓，地下二樓到五樓則是引領潮流的購物廣場，集購物、飲食、休閒、健身、辦公於一體。雙塔聯體建築外形，氣勢恢宏，辦公大樓內部採用落地式玻璃窗設計，視野開闊，採光充分。大廈採用無柱設計，空間通透寬敞，利用率極高。

全世界最受歡迎的流行品牌都可在這裡見到，無論是服飾、配件、彩妝保養……應有盡有，與全世界同步的流行趨勢，還有來自各地的美食，什麼荷花泰餐廳、韓國料理愛江山、日本料理紅葉，粵菜衡山滙……

站在雙子座大廈的高樓上，眼前的景色一覽無遺，彷彿把整個北京城都踩在了腳下。

莫西貪婪地看著外面的高樓大廈，動情地說道：「這就是我今後將要生活的城市嗎？真美！」

顧小北苦笑了一下說：「妳看到的不過是鏡花水月，都市往往只是給人一件華美的外衣，其實在這件外衣裡面真實存在的是掙扎、無奈和孤獨。當然，經歷過這些，妳便與這座城市融為一體了，它也就擁有了妳的生活、感情、經歷，擁有了與妳千絲萬縷的聯繫。」

莫西驚訝地望著顧小北，沒想到他也有如此深沉的一面。

顧小北接著說：「一個人在這裡生活並不容易！在這個城市無親無故，每當寂寞難過的時候我就會來這裡，彷彿立刻就可以擁抱這座城市，自己的心也就溫暖了一些。」

難得見到顧小北這麼正常的說話，莫西也受其影響，莫名地難過起來。

……

「要死啦，」莫西模仿顧小北的口氣說道，「說傷感的話，讓人難受！」說完，她大喊了一句：「美麗都市，幸福人生！」

是的，莫西已經下定決心要在這裡生根發芽，擁有自己獨特的人生軌跡！

都市生活攻略

・**生存**——面對一個陌生的城市，首先要解決的是衣食住行問題，最低的要求：一季的房租，兩個月的生活費、交通費及找工作所需要的費用。這時就要充分發揚「出門靠朋友」的精神，如果有朋友在的話，費用會少很多；當然，如果你所學的專業並不好找工作的話，就先學會在這個城市生存下來，先找一份工作養活自己，對這個城市熟悉後，再轉行找更好的工作。

・**交際**——盡可能地認識更多的人，參加各種聚會、派對，找到一些志同道合的「狐朋狗友」，讓自己的生活充實起來，這樣孤獨感便會少一些，自己也更容易快樂。

・**心情**——要有自己鍾情的小店，難過、孤獨、寂寞時可以讓自己有一處「療癒聖地」，這樣能夠很好地調節自己的心情和心態，重獲生活的信心和堅持的勇氣。

・**信心**——萬事開頭難，想在一座陌生的城市生活下來並不容易，但是，你可以先瞭解這個城市，慢慢找到自己的位置和圈子，從而給自己帶來更多的信心去適應這個城市，進而擁有這個城市。

3、聽說夢想是一頭豬

好幾天過去了，顧小北見莫西每天就是逛逛街、上上網，一副不思進取的頹廢樣子，不禁有些著急了，不知道自己什麼時候才能回歸一個人的清靜日子。

為了引誘莫西出門找工作，趕緊搬離自己的地盤，顧小北開始對莫西旁敲側擊：「莫西，妳有沒有夢想？」

「夢想？」莫西被問的丈二和尚摸不著頭腦。

「對啊，就是自己想做什麼，今後要有什麼成就，成為什麼樣的人？」

「天啊，別跟我談這些『豐乳肥臀』的個人夢想，我這小腦瓜能承受得了嗎？」

「要死啦，那妳就打算在我這白吃白住毀我一世清名？」顧小北一著急竟然說出了自己內心真實的想法。顧小北以為只要和莫西一談夢想，她定然會瞬間就心旌搖曳眼光閃爍，激發出她無限的雄心壯志，沒想到這個死莫西反應這麼遲鈍。

聽了這話，莫西頓時明白了顧小北的用意，便嘻皮笑臉地說道：「別那麼小氣嘛，人家千里迢迢地投奔你那是看得起你，覺得你顧小北這個人信得過。如果換成別人讓我吃他的住他的，我還不願意呢！再說，夢想對我而言就是成為一頭豬，吃飽了睡，睡飽了吃，無憂無慮。」

「我看妳現在就是一頭豬！」

「哇，我的本質都被你看出來了。」

「妳，妳——真是討厭！」顧小北蘭花指一甩，氣呼呼地走了，留莫西一個人在那裡幸災樂禍。

不過，莫西的夢想還真是想擁有豬一樣的人生。她在自己的推特（Twitter）上寫道：如果我是一頭豬，我就天天只吃一點點，練成瘦腰小臉玲瓏體，人見人愛，賣我賣不出去，殺我殺不出肉；如果我是一頭豬，沒事就練撒嬌，沒事就練轉圈，沒事就擺Pose，沒事就練金牌微笑，美過小妖貓，做一隻你不寵我我就自己難受的豬寶寶；如果我是一頭豬，吃完我不睡覺，要聽聽廣播，練練嗓子，整天哼哼唧唧，練成一頭音樂豬，上完報紙再上網路，成為「超級豬聲」中的明星豬；如果我是一頭豬，我就在豬圈地上拱出一座小山，旁邊邊刨一水槽，牆上蹭出幾幅水墨畫，我的地盤我做主，建設世界第一的自由美麗豬窩窩；

如果我是一頭豬，我要看天學氣象，看水學水文，看地學地質，看磚學建材，看草學植物，看食學烹調，看人學相面——就地取材學文化，成為地球人望而興嘆的百科全豬。

為了自己的這個「豬」夢想，莫西已經開始悄悄地行動了，只是顧小北還不知道而已。

當然，莫西也明白一說到夢想，很多人只有感性沒有「敢性」，她自己曾經也是這樣。國中時，她和身邊的人說起自己千奇百怪的夢想，比如想開個小店，玩音樂，救助流浪者和垂死的人，保護動物，拯救地球生態，環遊世界……立刻就有無數異樣的眼光齊射過來活生生地扼殺了她內心的蠢蠢欲動。周圍的人說理想很豐滿，現實很骨感，這些都是水中月鏡中花，人要活得貼近實際的生活，踏實工作比較可靠，不要活在陽春白雪當中。於是，她只好可憐地回去啃書本、考試、擠破腦袋進好大學。畢業後，周圍的人又告訴她要想盡辦法進好公司，嫁給高富帥，才是人生正道。這些意見人士的七嘴八舌曾經讓莫西厭煩的喘不過氣來。現在好了，莫西來到了北京，一個人生活，再也沒有人會對她的夢想指手畫腳了，哪怕自己的夢想是成為一頭豬，也沒有人提出反對意見，真是自由愜意。

莫西正洋洋得意時，顧小北拿著一份報紙闖了進來，把報紙一甩，惡狠狠地說道：「上面有很多招聘資訊，三天內妳必須給我找到工作，半個月內妳必須給我搬走，還我清靜人生！」

「給我下最後通牒？」

「是！」

「那就不勞您老人家掛心了，本小姐早就收到了一家公司的面試通知，你就等著我旗開得勝，一展宏圖吧！到時你就是哭爹喊娘地叫我住你這我也不住了！」

「要死了，妳這個死丫頭，這麼重要的消息都不告訴我。」顧小北叫了起來，「那妳還在這裡悠閒地上網？趕緊給我準備面試去！」

莫西朝顧小北吐了吐舌頭說：「別忙，我推特上的北京生活日記還沒寫完呢！寫完我就去準備，然後搬離你這陰曹地府，與你劃清界限。」

夢想攻略

• **意義**——一位賣菜哥說：「有夢想，我就是最了不起的賣菜哥！沒夢想，天天數著大把鈔票，我還是不能成為我！」生在這茫茫人海，你已經普通的不能再普通了，如果不用夢想來裝點自己的生活，相信「一個人也能活得精彩」對你而言就會是一句鬼話！

・**確立**——夢想不是脫離現實的胡思亂想，不是摘星星摘月亮的不切實際，而是透過自己在現實中努力可以一步一步實現的。它有很強的目標性和期限性，讓你在變化莫測的現實面前，可以不失去信心和前進的勇氣。

・**實現**——你是人，人總是要遭遇種種艱難困苦，一旦確立了夢想，就應當堅定自己的信念，義無反顧，哪怕前面是刀山火海也照闖不誤。當然，在前進的道路上如果你能發揮出自己的聰明才智，能靈活地運用多種手段和方法，藉助多方面的智慧和力量，一步步前行，定然事半功倍。

・**接受**——人生殘酷，不是每個人的夢想都會實現的，遭遇失敗是每個人成長的必然經歷，你所做的就是接受，然後再給自己一個新的夢想，開始一段新的旅程。

4、太恐怖，要面試了

經過艱險的初試、複試，莫西好不容易從幾百名應聘者中脫穎而出，殺進最後一關，和一位知名大學畢業的「眼鏡哥」角逐總裁助理的職位。最後一次面試，由公司的總裁親自考核。

被一位彬彬有禮、貌美如花的小姐帶到豪華氣派的辦公室，莫西禮貌地坐下後心怦怦直跳，等待著神秘總裁的現身。

門打開了，莫西以為進來的一定是一位面容英俊、一天到晚板著死人臉不苟言笑的帥哥總裁，沒想到進來的卻是一位笑容滿面的老先生。

老先生坐下，一招手，剛才的那位「神仙姐姐」便端上了一個托盤，托盤上放的居然是一瓶高度的「北京二鍋頭」。

莫西早就耳聞生意場上喝酒論英雄的故事，沒想到這麼有名的公司也來這一套，這讓莫西這個嬌滴滴的臺灣妹情何以堪。但是想到顧小北那小人得志不仁不義的樣子，莫西豁出去了，只要能找到工作，萬死不辭。她伸手剛想拿過那瓶酒，「眼鏡哥」竟然不甘示弱，比她快一步抓住了酒瓶，莫西只好把手縮了回來。

老先生哈哈一笑說：「年輕人就是要有衝勁，不過我有個條件，你們必須一口氣把酒喝完。」

開什麼玩笑！莫西不可置信地吐了吐舌頭，北京二鍋頭，一口氣喝完一頭牛都會醉倒。「眼鏡哥」把手縮了回來，超有「氣度」地說了句：「女士優先。」當然，莫西權當沒聽到。見兩個人都不動，老先生說道：「難道年薪這麼高的總裁助理都不能……」

莫西和「眼鏡哥」你看看我，我看看你，誰也沒有去碰那瓶酒。

老先生遺憾地搖搖頭：「你們是我從幾百位應聘者裡挑選出來的佼佼者，未免讓人失望。」隨後，他用眼睛掃了莫西和「眼鏡哥」一下，臉色鐵青地說道：「要是眼前放著上億美元的合約，你們也是這樣嗎？現在，誰要是喝了這瓶酒，我就爬出辦公室！」說完，老先生還真的脫掉了自己的西裝。

「您說的是真的？」「眼鏡哥」小心地問道。

「廢話，我說話算話！」老先生生氣地說。

聽完總裁的話，莫西沒喝已經先暈了，豐厚的年薪，人人豔羨的總裁助理，外帶看總裁爬——天啊，天底下竟有這樣的好事！這時，那位「眼鏡哥」已經捷足先登了，拿起酒瓶，咕咚、咕咚……一口氣把整整一瓶烈酒灌下肚。

完了，工作完了！莫西的心涼了半截。

「眼鏡哥」已經有點站不穩了，他搖晃著酒瓶得意地說：「爬，您爬啊——還有我的聘任書！」

老先生拿起了桌上的聘任書遞到「眼睛哥」面前，當「眼睛哥」剛想去接的時候，他竟然「調皮」地把聘任書一轉，給了莫西，說：「妳被聘用了。」

莫西傻了，「眼鏡哥」也傻了。老先生的舉動讓「眼鏡哥」酒醒了大半，他大聲理論：「說話不算話，你騙人！」

老先生依舊樂呵呵的樣子，面對「眼鏡哥」不慌不忙地說道：「小夥子，難道學校沒教過你不要相信一個人的空口許諾嗎？在生意場上這樣是要吃大虧的。」

「可是你是總裁啊！」可憐的「眼鏡哥」說話都帶著哭腔了。

「即便我是總裁，沒有合約的空口許諾也不能信。」

「眼鏡哥」徹底崩潰了，搖搖晃晃地離開了總裁辦公室。

見此情形，莫西長舒了一口氣。

這次的面試對她來說可謂險象環生，要不是她比「眼鏡哥」慢半拍，中招的一定是她。望著眼前「笑面虎」一樣的總裁，莫西頓感職場險惡，對「眼鏡哥」她也覺得有點不公平。

「怎麼，勝出了還不高興？」老先生望著沉思的莫西說道。

「只是覺得那樣對他不公平。」莫西說道。

「放心，以後那位小夥子會感謝我的。」老先生信心十足地說，「歡迎妳加入公司！錢莉莉，帶莫小姐熟悉一下公司的環境。」

原來，那位「神仙姐姐」叫錢莉莉。剛才因為太緊張沒能好好欣賞她的花容月貌，現在放鬆了，莫西便細細地打量著她：前凸後翹玲瓏有致的身材，一頭柔順嫵媚的捲髮，瓜子臉，再配上迷死人不償命的大眼睛，讓同為女人的莫西也不得不承認她是人間尤物。

……

回到顧小北的小窩，莫西才徹底放鬆下來。她翹著二郎腿坐在沙發上對著顧小北大喊：「小北子，看茶，姐渴了。」

顧小北端了杯茶上來，涎著臉說道：「呦，不錯哦，都懂得叫『看茶』了，北京文化吸收的很全面嘛——面試怎麼樣了？」

「等姐領到第一筆薪水，立刻搬走！」

「啊，面試上了？」顧小北高興地問道。

「當然，你看著吧！我在職場一展鴻圖的時候到了。」莫西驕傲地說道。

面試攻略

・**禮貌**——儀表、禮貌、態度是面試中十分重要的因素，它不僅反映出你的人品、性格、教養、文化等，而且直接影響面試官對你的印象。因此，進門時要主動熱情地打招呼，等對方讓自己坐下時再坐下，和對方說話的時候眼睛要看著對方，不要在面試官結束談話前表現浮躁不安、急欲離去或另赴約會的樣子。面試結束時要感謝面試官給予應試的機會，禮貌地離開。

・**語言**——如何說服面試官，使他對自己感興趣，並進而願意錄用自己，是求職成敗的分界點。總的來說有四大點：(1)根據實際需要來說服，(2)抓住有利時機進行說服，(3)提出可行性方案來進行說服，(4)把面試官當作朋友來說服。總之，你要表現出你是一個非常隨和善談易於結交的人，讓交談充滿熱情和愉快。

- **動作**——從心理學的觀點看，人的身體語言會傳播出某些資訊。面試時，你應將視線放在對方的動作上，某些身體語言會暗示你他的心理活動。比如，當對方不耐煩時，他會做些漫無目的的動作，隨手玩弄桌上的物品或敲桌上，當你發現這一現象時，就該設法轉移話題，改變一下現狀，或者結束你的談話，讓他問你問題。
- **意外**——面試中難免出現一些難以預料的情況，如說錯話、問題太難，甚至涉及自己隱私等，這時候說話更應講究技巧。而對於偶爾發生的錯誤不必耿耿於懷，心裡不要總想著這事，應該繼續回答問題。遇到涉及個人隱私的問題時，不要生氣，應該保持冷靜，避開問題，用委婉的語言拒絕回答，如：「這是我個人隱私，請問能否改個時間我們再談？」

5、圈裡圈外，哪個圈子是我的

今天是週末，上了一個星期班，累死累活，終於可以美美地睡一個懶覺了，莫西縮在自己的被窩抱定了不到十二點不起床的決心。但是那個該死的顧小北，六點半就爬了起來，乒乒乒乒乒，折騰了一個早上，讓莫西無比抓狂。

「喂，你就不能輕聲些，吵到大小姐我了！」莫西氣急敗壞地在床上喊道。

面對莫西的咆哮，顧小北完全沒有反應，他正「窸窸窣窣」地往自己的大背包裡裝東西。

莫西火冒三丈，從床上跳起，衝到顧小北面前，猛地搶過他的背包大聲叫道：「你聾了嗎，叫你不要弄了！」

「別鬧，我快要遲到了。」顧小北搶過背包說。

原來，顧小北和圈裡的朋友約好了今天七點半準時出發到王府井百貨附近玩輪滑「刷街」。為此，他一大早就開始準備東西：兩大瓶水裝在水袋裡，水袋放在包包的最底層，有一根管子從上面伸出來，渴了可以隨時喝，非常方便，這是圈裡的一個朋友專門為長距離輪滑設計的；買了真空包裝的小塊滷汁牛肉，一大塊巧克力；為了這次刷街，他還特意買了一雙速滑鞋，輪子大，滑得快，省勁。不過，新鞋都磨腳，這兩天他一直練習。

反正已經睡不著了，莫西說道：「帶上我！」

顧小北白了她一眼：「參加這次刷街的，都是些有共同愛好的網友，大家週末聚在一起開心一下，妳一個外行人湊什麼熱鬧，真是要死啦！再說，妳也沒有輪滑鞋。」

「我可以穿你的舊鞋！」莫西不依不撓。

最終，顧小北經不住莫西的軟硬兼施勉強帶上了她。

來到約定的地方，莫西發現這群人全都是單身的帥哥美女，他們的開場白也特別好玩，「各位好，我就是『水上無痕』」，「我是『大眼妹妹』」，「我是『天涯孤獨浪子』」……每個人都自報網名。

同個圈子裡混的，都是已經在網上聊過多次的「熟人」，現場氣氛極為熱鬧，看得莫西這個外行人心裡有點酸溜溜的。

透過瞭解，莫西才知道這個圈子裡的人除了玩「刷街」、還有「快閃」、「塗鴉」，甚至還參加一些選秀節目。「刷街」完畢，他們就舉行了一次「快閃」，幾十個人，在街頭突然穿上毛茸茸的玩具服，一起走傑克遜的太空步，引得路人紛紛駐足觀望。三分鐘後，他們脫下玩具服，離開街頭，消失的無影無蹤，看著路人不解無辜的神情，他們的心裡覺得新鮮刺激了。顧小北這個「娘娘腔」居然是這個圈子的「圈主」，剛一現身，立刻被一群美女包圍，真是風光極點，真是讓莫西羨慕嫉妒恨！

雖然犧牲了寶貴的睡懶覺時間，這一天下來莫西過得非常開心，收穫頗多，結識了不少「臭味相投」的「狐朋狗友」。這在家裡是完全不可能的。在家裡，她就是一個「小囚徒」，老爸老媽像對待嫌疑犯那樣天天盯著她，時刻注意她是不是有著什麼不軌、瘋狂的行為，就連上街購物，都給她規定好了時間，如若超過時間，回家定然是一番「嚴審」，常常讓莫西抓狂。今天，她才真正體會到了逃離爸媽「魔爪」的自由和快樂。

當然，莫西也知道一個人生活不能沒有自己的圈子，要不然人生太無趣了。當下，是一個講究「混圈子」的時代，什麼人人網、開心網、豆瓣網、Facebook、Skype……越來越多的人透過網路認識趣味相投的朋友，投靠擁有共同目標的「組織」，把「混圈子」當作和吃飯、睡覺同等重要的人生大事。有圈子就有「圈主」或是「掌舵的」，這讓莫西覺得頗有幫會性質，凡事只要在圈裡，有事就會有人罩著，被欺負有人幫忙出氣。她不禁聯想到舊社會跑碼頭賣藝的戲子，走到哪裡都要去拜當地的頭面人物，或賄賂或賣身，總之是「同流合污」。今天她就加入了顧小北的圈子，和圈裡的這些人「同流合污」地「刷街」、「快閃」。

不過，莫西也明白了一個道理：要想生活過得順利精彩，就得混些圈子！她暗自決定：不管什麼「商業圈」、「旅友圈」、「文學圈」、「魔術圈」等等，都將是我莫西今後要進入的圈子！

圈子攻略Ⅰ

• **要領**——不同的圈子會有不同的魅力和作用，比如，投資圈，這裡人脈資源豐富，可以讓你在融資方面獲得建議和幫助；學術圈，讓你在學識和技術上更加精益求精；寵物圈，一起分享寵物賣萌照，寵物故事，可以和志趣相投的人交流技巧、心得和情感；旅友圈，總能分享到最新的旅遊資訊……總之，圈子很多，不要盲目地加入，一定要選好自己感興趣的圈子，成為圈子達人！

- **尋找**——經常上網的朋友們，可以直接在網上搜尋那些圈子，當然你也可以透過網路創建群、論壇等組建自己的圈子，讓越來越多志趣相投的人彙聚在一起；現實生活中，你可以透過自己身邊人的引薦參加圈子的聚會、活動等，慢慢混熟，融入圈子。
- **經營**——混圈子講究的是氣味相投，坦誠相對，不要抱著過於功利的心態與人交往，即便真是有目的性，也要坦誠，欲取先予，這個道理誰都明白；混圈子，需要互相幫助，看看自己能幫別人什麼，能給予別人什麼，不要吝嗇，贈人玫瑰手餘香，在圈子裡往往都是互惠互利的。總之，每個圈子的語言和規則不同，要學會適應，學會經營。

6、不管是白菜還是蘿蔔，到我的籃子裡就是我的

雖然那個錢莉莉看起來貌美如花，一副不可親近的樣子，可是相處下來，莫西發現她不僅開朗外向，還是個特立獨行的女子，很多觀點和行為都大膽另類。

一次公司聚會，她居然敢當著全公司人的面宣告：「對我而言，男人就是衣服，我高興穿哪一款就穿哪一款！」讓在場的男士大跌眼鏡，也讓莫西大大佩服她的勇氣，對她喜愛的一塌糊塗。更讓莫西驕傲的是，錢莉莉和她一樣都是獨闖北京的臺灣小女人。只是錢莉莉的「北京資歷」比莫西和顧小北「老」許多，要不是她那難改的鄉音，憑她對北京的瞭解，誰都不相信她是臺灣人。而錢莉莉因為和莫西的同鄉關係，對她比對別人更親近些。

這一天，中午休息的時候，錢莉莉問莫西週六有沒有時間，她打算更新一批家具，要莫西幫忙。莫西連忙一口答應下來，對她而言，錢莉莉可是女神一般的存在，幫她買家具

無疑是無限親近女神的一次絕好機會。

來到錢莉莉的家，莫西才明白什麼是真正的女人，只見一長排的衣櫃，佔據一整面牆，裡面掛滿了各式各樣的衣服；鞋櫃佔據了另一邊的半面牆，全都是些限量版的名牌高跟鞋，放鞋櫃的另一半牆則由一面大鏡子佔據了。這樣的陣勢莫西長這麼大可是第一次見到，不由地愣了幾秒鐘。在家裡，她如果敢這樣佈置房間，早就被老爸老媽的碎碎唸折磨而死了。

錢莉莉這次主要是想把客廳的粉紅色茶几和沙發換掉，覺得太過幼稚和孩子氣，最近她喜歡上了帶有小碎花的田園風格的沙發，感覺還是這種清新的田園風比較適合自己想要打造的形象。

看著那套完美無損的沙發要被錢莉莉活生生地扔掉，莫西急忙求情：「莉莉姐，這些沙發都好好哦，扔了太可惜了吧！要不妳就給我，以後我找房子正缺家具呢！」

「喜歡就拿去，剛好叫那些送家具的人送到妳的住處。」錢莉莉不以為意地說。

「謝謝莉莉姐！對了，莉莉姐我可以小小地『八卦』一下嗎？」莫西小心翼翼地問道。

「可以啊，妳想問什麼？」

「妳為什麼不交男朋友？」

錢莉莉笑了一下，想了想說：「有了男朋友後妳就不會是妳了，妳將要屬於另一個人，要去滿足另一個人，遷就另一個人，花心思在另一個人的身上，那樣一來，這個大千世界妳就錯失了一半。一個人自由自在，才能擁有完整的天空。當然，對我而言與異性的相處有性、有浪漫就行了。」

「那老了怎麼辦？」

「上班、賺錢、存錢、買保險、住自己買的房子，每年旅行，滑雪泡溫泉，學瑜珈畫畫，找朋友們戶外運動，退休了就住安養院——這就是我的人生規劃。」錢莉莉說道。

「妳真瀟灑！」莫西由衷地讚嘆道，同時也下定決心要做像錢莉莉那樣的女人。

……

當莫西指揮著搬家具的人把家具放在顧小北客廳的一角時，顧小北正在打掃房子。

「要死啦，莫西，妳把什麼破爛東西往我家裡搬？」顧小北望著被弄的亂七八糟的客廳氣呼呼地說。

「你自己看不到嗎？沙發茶几，這些我以後都用得著。」

「哪裡撿來的破爛！」顧小北不屑地說道。

「我才不管是什麼蘿蔔白菜，進入我的籃子就是我的。咦，你垃圾袋裡裝的是什麼？」

莫西指著垃圾袋問道。

顧小北回答：「一些舊雜誌，過期了正要扔掉。」

「別扔、別扔，」莫西急忙跑過去抱在懷裡，「這些統統不許扔掉，日後說不定可以拿它們來貼牆什麼的。我翻過這些雜誌，裡面一些插圖還是非常不錯的，貼牆絕對是最佳選擇。」

顧小北被莫西打敗了，無奈地說：「妳就是一個垃圾收購站！」

「錯，」莫西糾正說，「我是變廢為寶的廢舊產品加工廠。如今生存壓力這麼大，我要努力降低自己今後的生活成本。」

「想降低生活成本那還不好辦，今後妳少吃少喝少穿，太陽升起立刻工作，太陽下山就睡覺，如果身體夠棒吃涼拌菜——我是做不到，祝妳這樣生活快樂！」

莫西白了顧小北一眼：「你不毒舌會死啊！」

當然，莫西這樣做是有她的道理的，當今社會通貨膨脹嚴重，莫西一個人出來闖蕩江湖，還沒賺到銀子不說，僅僅是以後租房、置辦家具、添置衣物等開銷就是一大筆，沒錢沒小金庫的她只能能省則省，哪怕撿撿朋友的「破爛」也可以讓她省下一大筆開支，又可以幫朋友解決「垃圾」問題何樂而不為！想到這裡，莫西真覺得自己英明神武，對今後的單身生活更有信心了。

低成本生活攻略

．「綠」——綠，是指綠色生活，節能減碳，保護環境，更重要的是要懂得從朋友的「廢品庫」裡「淘寶」，只要是自己能夠用上的，多多益善，不要顧及什麼面子不面子，生存面前面子永遠不重要，更何況你面對的是自己的朋友，他們不會嘲笑你的。

．「閒」——窮日子要過得像富日子那般的精彩，就要保持自己有能夠支配的閒暇時間，因為你大部分的人生樂趣、業餘愛好和成就就是工作之外的這些閒時間「生產」出來的。有沒有閒暇時間，會不會利用閒暇時間，往往決定了你是有錢的「窮人」還是沒錢的「富人」。

．「樂」——樂是指一種積極快樂的生活態度，一種健康的生活狀態，因此你可以讓自己多運動，多親近自然，鍛鍊自己，放鬆自己，這樣的生活不需要花錢，還可以讓你很好地享受到生活的樂趣，何樂而不為呢？

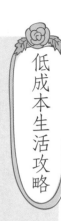

7、誰能告訴我幸福在哪裡

不知道是生理期的原因還是莫西對新環境的不適應，這幾天意志消沉，完全沒有了平日鮮活的勁頭，一下班就把自己關在屋裡，懶懶地躺在床上。

莫西這種半死不活的狀態，讓顧小北很擔心，在這個城市，身為莫西最親近的人，他不得不去噓寒問暖一番。

顧小北走到莫西床邊，拉著她的手說道：「我的小莫莫怎麼了，有什麼不高興的事情說出來讓我高興一下。」

莫西惡狠狠地白了顧小北一眼，不予理會。

「好吧，我錯了，我向小莫莫道歉。」顧小北立刻換了一副慘兮兮的表情，「關切」地說道，「妳看我的小莫莫，一點生活的熱情都沒有了，一臉迷茫，真是讓人心疼！」

「別在這裡貓哭耗子！」莫西終於反擊了。

「這才正常嘛，這才是我認識的小莫莫，和我說說妳到底怎麼了？」

「其實也沒什麼。」莫西想了想說，「我只是覺得自己有點小小的失敗，對知識，現在沒有什麼是自己能夠靜下心學習的；對生活，努力與不努力都是這般半死不活，無法獲得半點熱情；對事業，想要成就一番事業，卻不知道從哪裡下手，似乎什麼都行；對感情，有或者沒有對自己的人生產生不了任何的影響，日子該怎麼過還是怎麼過。我覺得天天無所事事，呼吸著充滿壓力和迷茫的空氣，腦袋渾渾噩噩。」

顧小北聽完大呼：「天啊，妳這還是小小的失敗？這樣下去妳的人生就要完蛋了！莫西，我告訴妳，妳已經陷入人生的迷茫了，這是非常危險的，能不能安全度過可是決定了妳今後人生的幸福程度。不過，話又說回來，誰的青春不迷茫，好好享受迷茫帶來的快感吧！」

「顧小北，你去死！」莫西大喊道。

其實，顧小北不是不理解莫西的心情，這樣的低落和無奈他也有過：他曾談過一場戀愛，分手的理由是他沒錢，後來他有錢了，卻再也沒有遇見過她；他曾因為不懂規矩而被同事排擠，後來他懂規矩了，但再也不會用這個理由去刁難新同事；他一直和自己的父母抗爭，因為他們一直覺得兒子不怎麼好，後來他過得越來越好，才明白父母只是怕他一個人過得不好……這些年，顧小北一直在試著瞭解這個世界，瞭解更完整的自己，瞭解自己人生的真正意義所在，但是很多時候，明明很忙碌的生活，心裡卻空蕩蕩的；明明可以做到的事情，偏偏最後就是做不到；明明決定了的事情，一晃又改變了主意……更多的時候，自己就是找不到路的孩子，眼前一片霧濛濛，站在茫茫人海中尋找自己的人生方向，怎麼也邁不開步子，找不到一絲立足之地，不知道自己何去何從，哪裡才是自己人生的幸福彼岸。

「莫西，」顧小北突然很嚴肅地對莫西說，「如果妳覺得孤獨，那是讓妳認識自己的一次機會；如果妳覺得黑暗，那會是妳發現光芒的機會；如果妳覺得不被理解，那會是一次妳看清朋友的機會；如果妳覺得無助，那樣妳才能知道誰才是妳真正的貴人；如果妳覺得迷茫，誰的青春不迷茫！讓自己堅強勇敢地走過去便好了。」

沒想到「娘娘腔」的顧小北會講出這麼富有哲理的話來，莫西彷彿第一次認識他似的，也難怪那個「女魔頭」小米會這麼迷戀顧小北，她還真是獨具慧眼啊！

顧小北哲理性的開導效果立竿見影，莫西立刻精神起來，對顧小北頤指氣使：「小北子，姐姐餓了，趕緊準備晚飯！要知道我只有吃飽了才有力氣對抗迷茫，最終收穫自己的幸福人生哦！」

「喳！」顧小北非常配合地答道。說完，退到廚房給莫西煮晚飯去了。

應對迷茫攻略

- **無聊**——其實，你之所以感到生活空虛無聊，那是你失去了方向，不知道哪裡是起點哪裡又是終點。因此，要先清空大腦中的一切，回想哪些事能激起你的興趣，不管是不是自己的專業，做自己最感興趣的事情，不要顧忌家人和外界的壓力堅持做自己，請不要懷疑，它一定就是你的快樂之神。
- **無助**——你之所以感到孤獨無助，那是你把自己看的太嬌貴，暫時放下那所謂的自尊和面子，等你有實力能把它們撿起時你再去愛護它。另外，請你相信，向真正的朋友求助並不是一件丟臉的事。
- **無恒心**——你之所以沒有恆心，那是因為你還不夠堅定，放棄動搖的心理，才能真正懂得前進。給自己一個目標，朝著目標堅定地前行，一定可以收穫幸福的。

Chapter 2

陰差陽錯「租房記」

8、尷尬的「三人生活」

也不知道是哪個人大舌頭，居然把莫西住在顧小北家的消息透露給了小米。這天莫西下班，發現客廳莫名其妙地多了一些大包小包，一個濃妝豔抹的女人對她怒目而視，顧小北則一臉無奈地窩在沙發一角。

莫西吞吞口水，知道自己今天遇到了勁敵。果然，那個女人上下打量著她惡狠狠地說：「妳就是顧小北的青梅竹馬的夥伴莫西？嘖嘖，長得還真不錯。」

「哪裡，哪裡，小姐妳才是貌美如花。」莫西說道。

「我叫小米，從今天開始我就是這個屋子的女主人了。」

天啊，莫西沒想到這個小女人就是人們口中的「女魔頭」，看樣子蠻漂亮的，讓人怎麼也無法把她和「女魔頭」聯繫在一起。不過，莫西知道往往越漂亮的女人越是兇殘。

在莫西和小米過招之時，顧小北始終像被霜打的茄子，軟弱地不敢說一句話，可見小米的厲害。

顧小北這樣的「表現」莫西是第一次見到，不禁覺得好笑。

莫西對顧小北說：「小北子，你怎麼不說話？這可是你的房子哦！」

顧小北苦笑了一下，無奈地說道：「我能說什麼！」

這麼一說，莫西當即明白了，顧小北還是挺喜歡小米的，雖然總是表現出一副被小米野蠻蹂躪的悲催樣，但是心裡還是很受用的。再說小米美豔動人，是男人想必都會心動的，更何況顧小北本就不是吃「素」的，對美女也如正常男人一樣垂涎三尺。莫西自然明白顧小北的這些小心思，便不再說什麼了。

原先莫西霸佔著顧小北的床，顧小北睡沙發，現在小米來了，非得和顧小北同床共枕（顧小北嘴上不說什麼，但是有美人相伴心裡倒是挺受用的），莫西只能睡沙發，中間掛了個簾子免得見到他們二人親熱的場面。但是同在屋簷下，尷尬還是難免的。

小米是個很瘋狂的女人，做事隨心所欲，內衣內褲亂扔不說，還經常上演「半夜鬼叫」。

這一天，莫西上了一天的班，累到不行，洗漱完畢打算美美睡上一覺，突然傳來小米的叫喊聲：「啊，好你個顧小北，討厭討厭！」莫西又一次被小米的叫喊聲驚醒。這樣的事情幾乎天天上演，莫西只能每天頂著黑眼圈上班，覺得自己都快崩潰了。不僅如此，小米每天早上都有沖涼的習慣，一大早霸佔浴室半個小時以上，常常讓莫西等得焦心焦肺，等莫西洗涮完畢上班時間也就到了，一大早就得練「飛奔」，到公司往往累的上氣不接下氣。更極品的一件事，半夜三更，小米居然什麼都不穿就來到客廳，翻冰箱找吃的。雖然莫西也是女的，但是這樣的遇見方式還是讓她感到萬分的尷尬。

這段時間見莫西每天一臉「熊貓樣」，錢莉莉關心地問道：「怎麼沒睡好？」

莫西苦笑了一下說：「房子裡來了個『女魔頭』，折騰的我天天睡不好覺。」接著便把自己這段時間的「不幸遭遇」簡單地向錢莉莉說了一下。

錢莉莉表示同情地拍了拍莫西的肩膀說：「目前，異性合租已逐漸成為一個比較普遍的現象，原因大多是可以減輕房租負擔，或是熟悉的人住在一起，性格可以互補，生活相互照顧，更何況妳和顧小北原本就是朋友，住在一起倒沒什麼，如今多了一個女人，『一山不容二虎』，我看妳還是盡快搬出來。我看妳今天很累，要不提前下班，好好回去休息，公司這裡我幫妳擋著。」

莫西一聽能提前下班高興地說道：「謝謝莉莉姐，莉莉姐對我真好！」說完，她就去收拾自己的東西準備翹班，回去好好地補覺。

莫西原本以為這個時間顧小北和小米絕不會在屋裡的，但是當她打開屋門的時候整個人石化了，映入她眼簾的是一副非常火爆的春光圖。見到莫西開門的那一刻，顧小北和小米也都凝固住了似的。

「對不起，打攪了！」莫西連忙退出門外。

等顧小北和小米穿好衣服，莫西尷尬地進門，三個人你看看我我看看你都不知道說什麼。

「我，我已經想好了，會盡快找房子的。」莫西打破僵局說道。

「好啊，」小米說，「我認識一個人正好要出租房子。」

顧小北則說：「租什麼房子，不是住的好好的。」

莫西撇了撇嘴：「呦，不要這麼虛偽，當初死活希望我快點搬走，現在怎麼說的這麼好聽？」

「要死啦，我這不是擔心妳，妳看妳剛工作，第一個月的薪水又沒拿到，現在房租又那麼貴，我可是不忍心妳受苦。再說，我是妳在北京的第一個親人。」顧小北狡辯說。

莫西白了顧小北一眼：「我才不用你貓哭耗子假慈悲，我自己的事情我自己會搞定的！」

看到顧小北和莫西「打情罵俏」親密無間的樣子，小米心中一股莫名的醋意湧了上來，但又不好發作，便笑著說：「莫西妳要是錢不夠了，我可以借給妳。」

莫西看著小米笑了一下：「謝謝關心，我的錢足夠，很快就會找到房子。」

同為女人，莫西明白小米的心思，這段時間與她相處也深感不便，再說自己來北京可是要過一個人的生活，出去找房子是在所難免的。這樣一想，莫西心裡倒是踏實了，決定這幾天好好看看，給自己覓得一個「如意小屋」。

合租相處攻略

- **優勢**——對上班族的帥哥美女來說，合租不但可以減輕自己的經濟負擔，出門在外還可以多一個人可以陪伴。當然，在合租之前互相瞭解對方的情況，最重要的是學會留「心眼」，畢竟防人之心不可無。
- **人選**——如果和不熟悉的人合租，最好不要人多，兩個最合適，這樣經濟帳就容易算清；如果你不是很會處理人際關係的話（這方面沒經驗），就不要和情侶一起住，避免諸如吃醋、走光等不必要的麻煩。
- **相處**——所謂親兄弟明算帳，把要攤的費用怎麼攤，都講清楚，有必要就寫下來，需要提醒的是，合租要懂得謙讓，不要什麼事情都斤斤計較，因為有些事情是沒有辦法平分的。

9、噢耶，要找房子啦

自從莫西說了要找房子，小米便開始消停了下來，莫西終於可以過幾天清靜日子了。可是想要找到合適的房子還真是有點難，她在網路上搜尋了好久都沒有找到。還是錢莉莉神通廣大，三兩下就幫她聯繫了一個離公司很近的公寓，房東是一位男士。

當拿到聯繫電話時，莫西心中忐忑了一下，雖然已經過了花癡的年紀，但是對待愛情還是抱有一定的幻想，雖然不期待什麼高富帥，但是若能出現一位美男讓自己的生活多點奇遇色彩也是很不錯的，好色之心，小女子也會有的。

電話撥通了，莫西一聽果然是男聲，簡單聊了幾句感覺說話還挺斯文的，OK，約了下班後去看房子。

來到了約定的地點，莫西看到一個戴眼鏡的年輕人，穿一件格子休閒服，第一印象不錯。對方先喊了莫西，然後就帶著她去看了房子。

房子一室一廳，採光好，還有一個大的天臺，這是莫西最中意的地方，站在天臺上吹吹風喝喝茶看看風景，真是不錯。而且這個地方離莫西上班的地方又不遠，真是好地方。只是對方要的房租比較貴，真讓莫西糾結。要不是因為對方是帥哥，可以多相處一會兒，不然莫西一聽這個價格肯定就跑了。

「怎麼樣，我這房子還可以吧！」帥哥房東問。

「好是好，不過，不過……」莫西猶猶豫豫地說道，「你看，這樓層太高房間太小，還有這麼大的一個露天陽臺，萬一心理承受能力不強，一時想不開，跳樓啊什麼的，還真是方便。」

聽莫西這麼一說，帥哥房東無奈地笑著說：「小姐妳真會說笑，我看妳怎麼也不是心理承受能力差的人。再說樓層高視野廣，多好。」

見這招不管用，莫西眼珠一轉，又生一計，梨花帶雨地說道：「你看我一個小女人來北京，人生地不熟的，前一段時間才剛剛找到工作，薪水都還沒拿，我，我一個人好難的。房租你看看能不能、能不能便宜點。」她打算利用女人楚楚可憐的優勢，以「誠」感動對方。

沒想到這一招還真管用，帥哥房東立刻就招架不住了：「好吧！妳是莉莉姐介紹來的，那我就算妳再便宜一點。」

見到對方肯便宜，莫西喜上眉頭：「你真是好人，太感謝你了，怪不得莉莉姐一直對你讚不絕口。她說你有愛心、同情心，熱心腸，能遇到你我真是遇到了好人。」

這一頓猛誇，帥哥房東聽的心花怒放，不好意思地說道：「哪裡，哪裡。」

「我知道你人最好了，」莫西接著說，「莉莉姐真沒看錯人。其實，你這房租我知道已經很便宜了，我很感激你對我的同情，但是我一個人在北京，真的是太難了，我，我……」

「好吧，好吧！那我就再便宜一點。」

「謝謝你。」莫西恨不得上去親帥哥房東一口。

回到顧小北的小窩，沒想到小米已經很殷勤地給莫西打包好了東西。今天小米對莫西的態度真是一百八十度的大轉彎，對莫西不僅笑臉相迎，嘴巴還特別甜，一口一個「莫西姐」叫的特別親切。見小米這麼熱情，莫西也不好再說什麼，畢竟她是顧小北的正牌女友（雖然顧小北從來不承認，但是莫西看得出來他也算被是「逼良為娼」認命了），以後還是需要相處的，能和小米關係「正常化」她也是很高興的。

顧小北幫莫西找好了車子，莫西沒想到自己剛來北京時間不長，就有了這麼多的家當，大包小包居然有十幾個，加上上次從錢莉莉那裡搜羅來的舊家具居然滿滿的一車。還好有顧小北這個不像男人的男人，勞動力的問題便解決了。

可是一想到要搬去別的地方住，莫西還是有點捨不得顧小北，而每次搬家心情都很低落，感覺又是一種「漂」的情緒，頓時有了一種想哭的衝動。

一個人生活有自由，也有著心酸無奈。很多單身在外的人，從一個箱子，到慢慢的擁有各種家電，從上下鋪到單人床，從合租到單住，生活總是這樣奔波著。每次打電話，家裡人問一個人在外過得好不好，總是笑著答「好啊」，掛完電話後便淚流滿面。還好莫西很堅強，很快就把這種情緒放置腦後，就要真正開始一個人的生活了，她要努力振作。

租房攻略

・**地段**——一般來說，找房子最好離自己工作地點近一點的，不過地段好、交通便利的房子，租金比較貴，便宜的基本都是一些比較偏遠的地方。選擇房源的時候，就需要好好取捨，是想要花費少，還是要住的好。不過對女生來說，特別要注意，不要選擇人煙稀少很荒涼的地方，主要還是為了安全考慮。

- **討價**——房東出的價格比較高，都有還價的餘地，要充分發揮自身的優勢，比如指出房子的不足之處，裝可憐，或者說長久居住等，博得房東的同情心從而達到降價的目的。
- **合約**——確定要租下之後，一定要簽合約。合約裡要註明出租時間、租金、水電費及管理費如何繳納等等細節，越詳細越好，這樣才能更好地保護租房者的權益。如果是預付租金的，也要在合約裡註明。
- **安全**——最好不要相信那些小廣告，說不定就是一個騙局。選擇正規的仲介或熟人介紹，房源的可靠性也會高一些。和房東接觸的時候，一定要讓他出具能夠證明他可以出租該房子的相關資料，比如房產證，這樣可以避免遇到那種其實是房客，卻在房東不知情的情況下將房子轉手再出租的情況。入住後更換門鎖，注意水、電、煤、家用電器等能否正常使用及安全。

10、到二手市場跳「舞」

小屋重新貼了壁紙，莫西帶過來的東西也都安置好了，還真有模有樣，可是除了當時在錢莉莉那裡「淘」來的舊沙發，屋裡看起來空蕩蕩的，還有許多家具需要添置，特別是要給自己選擇一張溫暖舒服的大床。

買新家具太貴，很多人從經濟實用的角度考慮都選擇購買二手家具來佈置房間。莫西也決定去二手市場挑幾件稱心如意的家具。

選了一個「黃道吉日」，莫西叫上顧小北來到二手市場。

一進二手市場，顧小北就捏著鼻子說道：「要死啦，來這裡買這些破爛玩意兒，全是怪味道。」

莫西白了顧小北一眼：「嫌貧愛富，我以前怎麼沒看出來你有這麼惡劣的品格？」

逛了幾天之後，莫西居然在一個小攤上發現了她在電視上看到的一個電視櫃，九成新，跟她從錢莉莉那裡搬來的沙發很配套，只是有點貴。莫西用盡了花招，老闆就是死也不肯降價，沒辦法她只好照著老闆要的價格買了下來，再怎麼說也比新的便宜很多。莫西搞定的還有一套鋼化玻璃面板的實木餐桌、一個隔廳櫃、幾把實木座椅，一套臥室三件套——一百八十公分長的床，四門衣櫃和梳粧檯。莫西沒有要床頭櫃，她覺得梳粧檯的空間剛好可以拉出來點當床頭櫃用，又省錢又省空間。這一下來，莫西覺得自己特別會過日子。

顧小北對此卻不屑一顧：「看妳高興的，不過是幾件破家具！」在他眼裡，這些家具又髒又破，放在房間裡毫無美觀可言。

「別小看我哦，這些東西經過我的手一定會煥然一新的，保證它們以後都是一件件不可多得的藝術品。」莫西說道。

顧小北咂舌表示懷疑。

回到莫西的小窩，顧小北看著牆面的裝飾畫，嘖嘖稱讚：「莫西啊，真是有妳的，我那些舊雜誌經妳這麼一折騰倒有了幾分藝術的感覺了。」

「那是！」莫西得意地說道，「你現在相信我的實力了吧！你別只是站著啊！快過來幫我把這些舊家具清洗一下，我想重新打磨打磨。」

顧小北聳聳肩，只好給莫西當苦工。這些舊家具經過重新的清洗、打磨，變成了帶有復古味道的「新」家具。不僅如此，莫西還充分發揮自己的聰明才智，改裝了一個儲物架，還用剩下的一些舊雜誌、舊報紙設計了一些裝飾物，擺放在家具上，她喜歡用一些小玩意兒增加點情調，調味自己平淡的生活。

望著煥然一新的屋子，顧小北不得不嘆服：「要死啦，莫西妳還真能幹，那些原本被人們淘汰的東西，經妳的妙手，卻能組裝出了這樣一個古色古香的小屋。環保、省錢，莫西妳真行！」

「我一個人生活在外，又沒有你這樣的高收入，當然是能省則省。再說，我一個人……」

「顧小北！」莫西的話還沒說完，小米的「河東獅吼」就在門外響了起來，「快來給我幫忙！」

打開門，見小米腳邊放著一盆盛開的君子蘭，這是小米送給莫西的，算是給她賀房。顧小北急忙過去把花搬了進來。

顧小北剛把花放下，錢莉莉就提著一個裝飾品進門來了。見到錢莉莉這樣的大美女，顧小北眼睛都看直了，小米見到，醋意頓生，惡狠狠地說道：「妳找誰啊！」

美女見面分外「眼紅」，錢莉莉見到小米的態度馬上明白了怎麼回事，便故意優雅地對顧小北一笑說道：「你一定是小北吧！我總聽莫西談到你，果然一表人才哦！」

顧小北一聽，笑的花枝亂顫：「哪裡哪裡，實在是過獎了。」

小米見兩人又說又笑更著急了，捧著顧小北的臉吻了一下，得意地對錢莉莉說：「顧小北再好也是我的。」

莫西嗅到了其中的火藥味，趕緊接過錢莉莉手中的飾品說：「哇，好漂亮哦，謝謝莉莉姐。好了，今天累壞了，晚上我請客，我們大家好好地飽餐一頓。」

……

吃過晚飯，莫西愉快地躺在真正屬於自己的床上，心裡高興極了。不過，這次二手市場挑選家具，她有了一個很大的體會：到二手市場後要多逛多比，逛的次數多機會就多，對於舊家具，商家的利潤空間很大，到最後清貨時間，通常商家都會以少賺些錢的賣出去，再有就是在金融危機的背景下也有撐不住的時候，這時購買的機會就來了。

二手家具購買攻略

・**價格**——二手家具利潤空間很大，為避免被宰，我們在選擇舊家具時一定要貨比三家，可先以賣舊貨的身分去詢問收購價，再以購買者的身分看商家的出價是否合理。

• **品質**——二手貨不像新產品各種證件都齊全，一般都是誰銷售誰負責，售後服務主要靠商家自覺，所以我們在購買二手家具時一定要擦亮眼睛，並要保存好購物憑證。另外，舊家具一般都是商家自己翻新或維修公司進行處理過的，很多都存在品質問題，因此購買時要看好二手家具的包邊是否平整，家具的四腳是否平齊，結構是否牢固。

• **材料**——不同的二手家具，表面用料是有區別的。如桌、椅、櫃的腳，如果是木質的要求用硬雜木這樣比較結實，能承重，如果是金屬的，則可以看看它的厚度，太薄的金屬腳容易壞。另外，發現木材有蟲眼、掉屑，說明烘乾不徹底。檢查完表面，還要打開櫃門、抽屜門看裡面內料有沒有腐朽，可以用手指甲掐一掐，掐進去了就說明內料腐朽了。開櫃門後用鼻子聞一聞，如果刺鼻、刺眼、流淚，說明膠合劑中甲醛含量太高，會對人體有害。

• **尺寸**——在去選購二手家具前，請把自己要擺家具的空間用尺量出來，拿紙筆記下，合理安排一下擺放的位置，這樣在選購家具時就可以有針對性地挑選自己所需要的家具，免得買回去放不下。

11、誰偷了我的洗衣乳

俗話說遠親不如近鄰，鄰居做久了不只是感情，可能會是一輩子的交情。特別是單身在一個陌生的城市，最先熟絡的往往是鄰居，雖然都是些八竿子打不著邊的人，住久了總會和幾個人發生交集，莫西就和租在她隔壁的 Coco 混的爛熟。

很快，莫西發現這個 Coco 有點麻煩，喜歡借東西，每天都找莫西借上一兩次，而且借的時候馬屁拍的雷響，最後都是有借無還。在莫西看來這可不是常人能夠做到的。當然除了筷子、碗、洗衣乳、牙籤之類的小東西，Coco 最喜歡借的是菜，蔥、蒜、薑、蘿蔔、白菜，只要莫西家有的她都想借，感覺全世界人都不賣她菜似的。昨天 Coco 又借走了莫西冰箱裡唯一的半個白菜，早知道就全炒了。每次聽到拖鞋的「噠吧噠吧」聲，莫西心裡就開始打顫，她又要來借什麼呀！有時莫西真想說：「乾脆來我家搭伙吧！反正妳家什麼都沒有，煮個飯還浪費水。」認識 Coco 還不到一個月，莫西算過她已經來借東西一百多次了，莫西仔細地清點了一下物品發現損失了不少家當。

這天下班後，錢莉莉沒什麼事，想去莫西那裡轉轉。她們剛到房子裡，Coco便過來敲門了，說是忘記買薑便過來借些。莫西不情願地把薑拿給了她。沒想到過了一會兒，Coco又來敲門，說是買了螃蟹，家裡的醋沒了。不得已，莫西只好讓她自己去廚房拿。

錢莉莉有點看不過去了，便問莫西：「她經常這樣來借東西？」

莫西笑著說：「我都習慣了。」

「看我的。」錢莉莉狡猾地一笑。隨後，她拉著莫西來敲Coco的門。

Coco開門，錢莉莉笑著說：「是這樣的，今天晚上我們吃醋，你剛好買了螃蟹，我們來借點螃蟹。」

「哈哈……」聽錢莉莉這麼一說，莫西沒忍住笑了出來。

「借，借螃蟹？」Coco一下子沒反應過來。

「是的，借螃蟹。」錢莉莉非常肯定地說了一遍。

「但是，我買的螃蟹沒那麼多。」Coco委屈地說道，「恐怕借不了妳們。」

「莫西平時也沒買那麼多菜，她都能把菜借給你，我想妳不會這麼小氣吧！」

「這，這，那我給你們拿螃蟹去。」Coco說完，真的給她們取螃蟹去了。

當莫西和錢莉莉把螃蟹拿回屋子的時候，兩個人都笑彎了腰。

莫西對著錢莉莉豎起大拇指說道：「莉莉姐，還是妳強。剛才Coco的臉都綠了，真是太痛快了。」

「妳就是心太軟了，不過透過這一次，她以後肯定不好意思找妳借東西啦！」

「好啦，我們煮螃蟹吧！」莫西笑嘻嘻地把螃蟹拎到了廚房。

吃完飯，時間還早，莫西打算洗衣服，卻怎麼都找不到洗衣乳，真是奇怪了，她記得洗衣乳明明就放在廚房的窗臺上，怎麼不見了呢？

「真是倒楣，洗衣乳被偷了。」莫西沮喪地說道。

「家裡遭賊了？」錢莉莉問。

「我也不知道怎麼回事，上次把洗衣乳放在窗臺上就不見了。」

「窗戶是開著的嗎？」

「為了通氣，廚房的窗戶一直都是開著的。」

「這就難怪了，妳的廚房緊挨著走廊，窗戶又開著，幸好窗戶小，要不然什麼電磁爐、鍋碗瓢盆肯定全都沒了。妳一個人這方面還是要提高警惕的。」

「莉莉姐說的是，再怎麼著這些都是我花錢置辦的，以後我一定注意。幸好這房子的樓層高，不會有人從窗戶爬進來入室偷竊。」

「一個人住，特別是像我們這樣的大美女防狼、防盜、防借可是非常重要的。」錢莉莉非常有經驗地說道，「有一次，樓下的色狼維修工來我家，本來是修水管，但是修完水管，他非要給我修門，還打聽我的情況，讓我感到有點害怕。後來有一天，我請了一個員警朋友送我回家，特意跟樓下那個修理工說了句話，其實就是想嚇嚇他。不過這一招還真管用。平時就帶領異性朋友回來坐坐，就不會有人打妳的主意啦！」

防狼、防盜、防借攻略

- **防狼**——一個人租房在外，無論男女只要稍有姿色便會有人惦記，因此防狼是非常重要的，特別是對孤身在外的女子，最好平時多邀幾個異性朋友來房子裡聚聚，或者借一件異性朋友的衣服，常常晾曬在陽臺上，那些不懷好意的人見了，以為家裡有人，便不敢冒犯了。
- **防盜**——在家的時候最好把別的房間的門都關上，不要讓人一進門就看見全部的格局。還有就是，在門口、窗臺這些地方擺一些盆栽、小飾品、風鈴什麼的，這樣小偷進來可能會撞到這些東西發出聲響，可以及時發覺。
- **防借**——街坊鄰居平時互相借點東西是常有的，但是有些人喜歡貪小便宜，常常是有借無還，遇上這種人的時候，最好讓自己心腸狠一點不借東西給對方。如果實在礙於面子，等對方借走東西後，你也可向對方借東西，借的東西一定要比對方從你這裡借走的貴，一樣有借無還，這樣一來，對方自然就不敢再找你借了。

12、隔壁住著一個美男

很奇怪，自從上次借螃蟹事件後，莫西好幾天都沒有見到Coco，直到一天下班，看到幾個人往她的房間裡抬箱子，才知道她搬走了，又搬來了一個新人。只是還不知道搬進隔壁房間的會是誰，如果再來一個像Coco那樣的，莫西就夠受的了。

謝天謝地，搬到隔壁的居然是一個溫文爾雅彬彬有禮的帥哥。

見到莫西，帥哥非常自然地走過來打招呼：「妳好，我是剛搬來的陳岑，以後請多多關照。」

呦，莫西覺得這小子挺「上道」的，剛來就懂得搞好關係了。「哪裡哪裡，大家互相關照。」莫西邊打量著陳岑邊想：以後在圈子裡如果有這麼個帥哥在身邊，一定引得其他美女對自己的羨慕嫉妒恨，再說，和他混熟了說不定多了個義工，電燈壞了、馬桶不通了可就省心省力省銀子了。想到這裡，她決定結交這個帥哥。更何況現代社會社交已經是生活中不可缺少的內容，對女人來說，社交的成功與否，社交圈子的大小，交往對象層次的高低，都會直接影響到自身的自信心、情緒、情感和對人的認識。莫西剛好可以藉眼前的這位帥哥練練自己的社交能力。

陳岑對莫西這個正妹也是「垂涎三尺」，心裡也在盤算著如何與她熟絡起來。對他而言，單單是「臉蛋漂亮，身材正點」就是最赤裸裸的吸引力，更何況他一人在北京已經單身好幾年了，早就想給自己尋得一個如花似玉的美嬌娘。但他也知道心急吃不了熱豆腐，目前最關鍵的便是給莫西留下一個好印象。

兩人都懷有同樣的心思，相處起來變得很容易，不到一個星期就已經混熟了，相處起來便有點肆無忌憚。透過這幾天的觀察，莫西發現隔壁的陳岑挺成熟的，生活自理能力強，心理健康，生活潔淨，目前還沒有見過什麼妖豔女郎及其他不良男人來過他的房間。陳岑雖然有點孩子氣，但是天真中透著一股靈氣，特別陽光，莫西暗地裡稱他為「巧克力美男」，而且美男對待功名利祿看得很淡泊，平日裡總是捧著長篇書籍看個沒完沒了。

這一天，莫西正在房裡看電視，聽見敲門聲，打開門一看居然是陳岑。讓莫西大跌眼鏡的是，陳岑穿著白色背心和沙灘短褲，一手拿著幾個沙琪瑪，一手拎著一隻毛絨兔子（莫西絕對沒有看錯，是一隻白絨絨的兔子玩偶）。他對莫西咧著嘴一笑，說道：「我太無聊了，來妳這邊坐坐。」

「這兔子？」莫西好奇地問道。

「我最喜歡的，跟著我好多年了，帶它來妳這裡作客。『小兔子』趕緊和莫西打了個招呼，」陳岑還搖了搖手裡的小兔嗲聲嗲氣地說道，「莫西姐姐好！」

莫西忍不住笑了起來，沒想到陳岑這個大男人還有這麼Q的一面，急忙把他請進屋。

在沙發上坐定後，陳岑接著說：「莫西，我還養了一隻貓，怕妳不喜歡沒帶過來。」

「你是不是準備把你的好家當都帶到我這邊來，那些小寶貝還是你玩吧！我可不敢奪人所愛。」

「我們已經是好朋友了，好東西當然要一起分享。」陳岑超大方地說道。

莫西心想：你的那些好東西還真不是一般人能夠消受得起的。不過陳岑這個人還真不壞，相處這麼長時間了，沒有對自己有什麼不軌行為。不過人與人之間的關係是多層次的，如果能遇到一個有閱歷、有情調，而又才智過人，人品還不錯，又能真心對自己的異性知己，真的非常不錯。很多時候，陳岑像個小男孩一樣地乖乖地坐在自己的身邊，這樣一個可愛的「正太」，誰不是人見人愛，花見花開。

不過就是那個該死的顧小北總是喜歡說莫西的風涼話，說她要樣貌沒樣貌要身材沒身材，要不是自己顧念舊情，帶她出去都嫌丟人。現在有了陳岑這個大帥哥在自己身邊，一定可以推翻顧小北對她的「偏見」。

異性友情攻略

・**尊重**——女生喜歡男性的豁達、主見和力量；男生則喜歡女生的溫柔和細膩。但是，由於男女之間在氣質、性格、身體、愛好等方面都有著較大的差異，因而異性間的交往是非常敏感的，一定要注意分寸和尺度。

・**交往**——我們既要反對男女之間「授受不親」的傳統觀念，又要注意「男女有別」的客觀事實。男女之間，只要是正當的純正友情，完全是可以堂堂正正往來接觸。但也不能說異性朋友之間沒有「一丁點性」，明智的人要學會服從良心和社會禁忌，一舉一動都要大方得體，不能過於隨便。

・**界限**——要從思想上和行為上分清友誼與愛情的界限。超過一定的限度，也許你自己也分不清哪是友誼哪是愛情了。

・**自愛篇**——女生在與異性相處時，一定要保持自尊、自愛的美德，既要有女性的榮譽感，又要善於自我保護。做為男性則應更加謹慎，善於克制，注意言行謹慎，注意把握分寸。

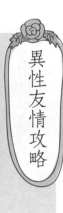

13、衣服亂了，擺設瘋了

這一陣子，莫西在公司承接了一個大案子，在公司裡通宵達旦地忙裡忙外，只是偶爾回自己的小窩住一晚。

今天終於把這個大案子搞定了，公司為了嘉獎她，特意給她放三天假。莫西心想，終於可以在自己舒舒服服的床上美美地睡上幾天幾夜了。可是當她拖著疲憊的身軀打開自己的房門，看到眼前的情景徹底瘋了，房間居然如此之亂：床上未疊的被褥，沙發上倒掛的衣褲，桌上七纏八繞的電線，櫃子裡重巒疊嶂的書——它們好像散開的沙粒，從各自的杯子裡灑出來，隨興落在莫西的房間裡。

見到這麼凌亂的場面，莫西自己也亂了，這麼亂，她還有什麼心思睡覺，立刻掏出行動電話給顧小北打了過去。

「要死了，這時候給我打電話，不知道我正忙著嗎？」顧小北在電話那頭怪裡怪氣地說道。

「這個時候你忙什麼，不就是和小米卿卿我我。我現在有事要你幫忙，限你半個小時內趕到我這裡。」莫西說完掛了電話，不給顧小北拒絕的機會。

半小時後，顧小北如期而至。

一進屋子，顧小北就嚷道：「要死啦，一個女孩子的房間居然這麼亂！」

莫西撇撇嘴說：「叫你過來就是幫忙收拾一下。」

「就這點小事還搞得如此勞師動眾的，我還以為出了什麼大事。」

「這怎麼是小事，這可是體力活，我一個小女子一個人怎麼應付得了。你今天就是屬於我的，逃不掉啦！」

顧小北無奈地苦笑了一下：「真不知我上輩子造了什麼孽，認識了妳！」

說完，兩人先從書桌開始整理。

書桌上纏繞著很多線，電腦的，行動電話的，相機的……而它們各自要連結的部分還躺在抽屜裡，數日來一直靜靜躺在桌面的角落裡，靠近插座，在陽光的照射下，上面的一層灰顯得特別刺眼。屬於它們的去處，是一個小小的紙盒，莫西把它們一股腦兒地塞進去，好像把很多條黑色的小蛇關進籠子裡。

沙發上，數日來晾曬乾的衣服還斜靠在那裡，白色短袖緊貼沙發背，藍色牛仔褲垂至地面……若它們明白自己的身分，能夠動起來，自己把自己摺好放好就好了。可惜都是死物，莫西只好自己親自動手，把它們摺好，再一件一件放入櫃子的隔間，然後關上櫃門，衣櫃對它們而言應是更長、更靜謐、更甜美的夢鄉。

「要死啦，莫西，妳這些亂七八糟的書怎麼處理？」顧小北在臥室裡叫了起來。

「好啦，我來收拾，你先過來幫我把這些垃圾倒了。」莫西回答。

莫西走進房間，見桌上、床邊散落著幾本書。書籤夾著的地方，有的是封面，有的是中央。當她一本一本地拾起它們，腦中不禁浮現當時閱讀它們時的種種感受和收穫，現實的，虛幻的，驚心動魄的，細膩入微的……它們曾經在這樣的一段時光裡，在這樣一個小小的房間裡，為她打開通往各個世界的門。現在，它們也該回到自己的同伴那裡了。莫西清理乾淨書籍上面的灰塵，把它們放進了書櫃。

雖然房間雜亂無章，但是莫西的那些指甲剪、刮眉刀等小物件卻總在她書桌旁的某個角落，常常想用的時候一伸手便能找到。可是她的耳機就沒這麼好命了，一個在梳粧檯上，另一個還在床腳旮旯窩著。莫西找出耳機把它放進了裝資料線的那個小箱子裡。

莫西剛整理完房間，顧小北又在客廳裡叫了起來：「莫西，妳這個敗家子，買了這麼多沒用的東西，真是浪費銀子！我怎麼處理？」

莫西見顧小北又在叫，急忙跑過去。不看不知道一看嚇一跳，原來自己還收著好多沒用的東西，都是一些在興頭上買的，買來之後就扔在了那裡沒再動過。女生好像都有這個毛病，出門逛街買東西，看到漂亮好看的就想買，也不管有沒有實用性，這樣既浪費錢又佔空間。莫西沒辦法，很多只好扔掉。

經過一天的「折騰」，到了晚上六點房間終於整理完了，莫西打算請顧小北好好吃一頓以報答今天的幫助之情。

正當兩人準備出門，「巧克力美男」來敲門了。

「前一陣子見妳很少在家，今天見妳房間有動靜，特意過來看看。」陳岑說。

眼前突然出現一個美男，似乎還和莫西特別熟的樣子，顧小北一下子就警惕了起來，帶著敵意地問道：「莫西，這人是誰？」

「我的鄰居。本來想介紹你們認識的，前一陣子太忙，沒來得及。剛好，我們一起去吃飯。」

顧小北撇撇嘴不置可否，倒是陳岑一臉興奮：「哈哈，晚餐有著落了！」

房間整理攻略

・**收納**——很多時候我們需要整理的東西很細小很凌亂，架子、書桌、抽屜、角角落落，到處都是。可以試著用「一箱定乾坤法」搞定：找出一個盡可能大的箱子，把所有需要收拾的小東西都裝進去，盡可能清理掉一切雜物。這種箱子叫做「百納箱」，它能使地方顯得更整潔，讓相關的物品更容易處理，特別是對暫時無法分類的東西，先收進箱子裡再說。

- **分區**——在房間分區域整理，比如書桌、書架、床等都是可以算是一個小區域，然後開始對某一個區域展開整理，直到其非常整潔為止。大多數小的區域需要處理的東西都不會太多，整理起來又容易又能見效。
- **專場**——你的地盤凌亂不堪的另一個因素是東西沒有固定的地方。最簡單的解決辦法就是給這些東西設置一個固定的地方擺放。可以先為某類東西，如 DVD 安排一個固定的地方，並養成哪裡拿放回哪裡的好習慣。只要有了專門的、固定的地方，任何東西整理起來就會容易得多。
- **垃圾**——把客廳、臥室，或任何你打算整理的地方整個清理一遍，但不要動任何需要單個處理的東西。在五分鐘時間裡，你需要處理的是要扔掉的東西。拿一個大垃圾袋，巡視自己的地盤，大肆往袋裡塞東西，這樣你的地盤立刻就可以變得清爽。

14、「馭鄰心經」

有句話說，有人的地方就有是非。

一些事情看似雞零狗碎，不值一提，但是一而再再而三地上演，讓人勞心勞神。住的時間長了，莫西掙扎在這樣糾紛中眼看就要得精神病了。絕不是出於偏心和色心，她真希望自己的鄰居們都像隔壁的「巧克力美男」那樣安靜、安分。

住在莫西樓上的是一個單身老女人，無依無靠，養了三隻薩摩耶當兒子陪伴自己，當然那些狗狗是非常的帥氣可愛，莫西個人也是非常喜歡小動物的，但是成年薩摩耶體重及身高完全不亞於一個三歲左右的寶寶。每天凌晨四、五點開始，可愛的狗狗們便開始活蹦亂跳，大概是開始遊戲了，莫西便經常聽到像敲軍鼓一樣的咚咚聲，並且伴隨著咕隆隆像過火車一樣的聲音（猜想應該是狗狗在打滾），讓她已經整整兩個星期沒有睡好，眼圈黑的都快成煙燻妝。

無奈之下，莫西只好去找那位大姐說明了情況，好在那位大姐是明事理的人，之後便在房間裡鋪了一塊地毯，莫西才獲得了難得的安靜。

真正讓莫西頭痛的是住在她對門的一個女鄰居。這個「芳鄰」非常「勤勞」和「大公無私」，為了「美化」居住環境在樓道裡養了七、八盆花，每天都會用大量的水澆灌這些花，鮮花的養分和數不清的葉綠體素就隨著這些水流到莫西家門口。

莫西加夜班回來晚了，不用像別人一樣打開手機顯示幕照亮鑰匙孔，因為方圓幾十公分以內，就她門口處是亮晶晶的，折射路燈的光芒仿若「鑿壁偷光」，能見度極高。莫西不禁讚嘆：黑夜給了我黑色的眼睛，我卻不用尋找光明，光明就在眼前。

莫西曾多次和這個女鄰居交涉，叫她不要那麼「大公無私」把她的花花草草搬回自己房間裡養，但是人家置若罔聞，無奈，莫西只能一次次地「望洋興嘆」然後一次次地在這灘水中摔跟頭。

然而，經過一次酒後的不理智，意外終於發生了。

莫西被錢莉莉叫去酒吧喝酒，深夜歸來在門口栽了一個跟頭，她在腳下滿地的水裡竟然摸到一塊香蕉皮。就這樣，前些日子累積下來的種種不滿終於爆發了，莫西「咚咚咚」地敲響了陳岑的門，兩人大半夜從外面弄來了一小袋水泥回來。經過一個小時的忙碌，一道水泥屏障出現在了花盆周圍，不僅如此，莫西為了報復一下那個女鄰居也在她門口弄了一個水泥屏障。完工後莫西拍了拍手，看著自己的傑作暗讚：同樣是治水，古有大禹，今有莫西，這也是一項歷史性的工程！

那一夜，莫西睡的十分香甜。

第二天，天濛濛亮，莫西被一聲狂吼給驚醒了。「哪個沒道德的人做的好事，害得老娘的腿都摔斷了，混蛋！」是對門那個女鄰居的聲音。這個女鄰居每天都有晨練的好習慣，今早出門，被莫西的水泥屏障絆了一跤，毋庸置疑她的晨練被莫西的水泥屏障逼出了這句「混蛋」。

莫西下了床，順著門縫往外看，女鄰居不見了。

吃過早飯的時候，陳岑來敲門。

他滿臉愧疚地說道：「早上的叫聲妳聽見了？」

莫西點點頭。

「我們是不是做的太過火了？」陳岑試探性地問道。

莫西也覺得自己做的太過火了，說道：「那我找她道歉？」

陳岑雙手一攤：「反正這件事是妳指使我做的，和我沒有關係，要道歉妳自己去哦！」

「沒良心！你不怕她對我一陣暴打啊！」

「都是文明社會了，不會有這麼野蠻的人，只要妳誠意足夠，相信一切都好說話的。畢竟大家都是鄰居，以後還要相處，沒必要為了這麼點小事鬧得不可開交。」

莫西朝陳岑吐吐舌頭，自己去道歉了。

懷著忐忑的心情，莫西敲開了女鄰居的門。門被打開，女鄰居出現在莫西眼前，鼻子裡還塞著一團血跡斑駁的衛生紙。

莫西低頭說：「對不起，水泥屏障是我昨晚喝醉酒後砌的，害妳摔成這樣，真抱歉！我立刻把它清除乾淨。」

女鄰居沒有莫西意料中的憤怒，她不好意思地笑笑說：「我有很多不對之處，經過這一摔，我醒悟了。這麼長時間真對不起妳，還是請妳別放在心上才是！」

莫西一呆，對方居然比自己認識的更深刻，夫復何求，唯有感動！

從此以後，莫西門口的「亮晶晶」不見了，生活恢復了以往的平靜。

現實生活中，鄰居關係總會存在這樣那樣的問題，莫西大致歸納了一下，主要有以下三個方面：

一是關係冷漠，互不關心，雞犬之聲相聞，老死不相往來。鄰居有事裝作不知道，不去幫忙；自己有事也不找鄰居幫忙，見面互不打招呼，視同路人。

二是過度關注，造成矛盾，窺視鄰居的隱私。特別是鄰居家是單身或夫妻之間有矛盾，對此總是有一種特別的關照，有時會有閒言閒語，時間一長矛盾激化。

三是斤斤計較，互不相讓。為孩子、為自家養的寵物，甚至為一個眼神、一個動作，都要鬧得沸沸揚揚，打個你死我活。

雖然莫西是單身，但是鄰居關係問題還是要每天面對，她相信只要自己以誠待人，一定可以和他們相處的很好。

鄰居相處攻略

・**設身處地**——鄰居關係處理得好的關鍵，就是凡事要先想到他人。比如：當你白天準備打開電源收看電視或聽音樂時，應先想想鄰居有無上夜班的在家休息；當你在高樓陽臺為花澆水時，應先看看樓下是否有人，有沒有正在曬著衣被；當你家裝修時，就要看看時候，鄰居家裡有人在家或休息時，就吩咐裝修隊員工輕聲動作小心些……就會避免一些不必要的矛盾和糾紛了。

- **串門**——平時常到鄰居家串門走走，這樣，不僅能融洽關係、增進感情，而且雙方有什麼事，彼此還能夠相互照應，既促進了鄰居關係的和諧，也有利於鄰居關係的穩定。但凡事都要有個限度，若頻繁的串門，可能令鄰居感到不悅，也就是說要適可而止。
- **謙讓**——鄰居相處的重要一條就是要有寬容心，古人都能做到「讓一讓，三尺巷」，如今的我們就要珍惜以和為貴，切不可「得理不饒人，無理佔三分」。當然，最好是每個人都能有良好的修養，那麼我們的社會也會美好很多了。

我的「蹺蹺板」職場

15、升職，有時是餡餅，有時是地雷

因為上次的案子莫西做的非常成功，公司便到處流傳著她要升職的「傳說」。做為職場新人，莫西聽到這個消息還是小小地激動了一下。她並不奢望什麼升職，但是如果能夠升職，至少是自己能力的一種展現，是公司對自己的肯定，更重要的可以增加自己的收入，她早就謀劃著要給自己添置一套高級音響了。

音響，音響——莫西越想心裡越美。

正當莫西幻想著自己有了音響後的悠哉快樂生活時，錢莉莉走了過來神秘地對她說：

「小丫頭，我這裡有一個好消息哦！」

「什麼好消息？」莫西問道。

「妳很快就要升職。昨天老闆已經和我說了，想調我到人力部去當總負責人，妳呢，就頂替我的位置當銷售部經理。」

「頂替妳的位置？」原本莫西一聽到升職還滿心歡喜，但是一聽是頂替錢莉莉的位置，頓時就有點發怵。想想錢莉莉何等人物，要樣貌有樣貌，要能力有能力，公司員工都認為她就是公司最好的代言人，活的「名片」。這段時間，莫西跟著錢莉莉雖然進步頗大，但她對公司而言不過是新人，要姿色沒姿色，要資歷沒資歷，要業績沒業績，一想到自己到時沒有錢莉莉出色豈不是很尷尬。

當然，莫西的煩惱不是沒有原因的。想當初錢莉莉在任時，部門考核年年第一；每次年終總結發言總能說的頭頭是道，博得全公司的讚許；在與其他部門發生衝突時，她總能四兩撥千斤，化干戈為玉帛。這樣的「萬人迷」，留給莫西太多的心理壓力。

莫西不是沒有給自己打過強心劑，在錢莉莉確切告之她將升職的時候，她甚至給自己和錢莉莉分別列出了優勢和劣勢，但是比來必去，她依然沒有信心。沒辦法，莫西打算找「老頑童」談談（私底下莫西管自己的老闆叫老頑童，沒辦法，想起自己的面試，對這個不按常理出牌的老闆她到現在都心存餘悸）。

推開老闆的門，莫西嚇了一跳，只見「老頑童」穿著飛行服，腳蹬高筒靴，頭戴賽車頭盔，一身乳白，還拿著個古怪的眼鏡，像是拯救太空的戰士一樣。

老闆見莫西進來，笑瞇瞇地說：「妳看，我的這身行頭怎麼樣？」

莫西不知道老頑童葫蘆裡賣的什麼藥，只好應付著說：「挺有創意的。」

「這個週末有時間嗎？我們一起去滑翔吧！」

「這個，這個……」莫西來這裡可不是和他說滑翔的事情。

「怎麼，妳還有其他事情？」

「莉莉姐說你打算讓我頂替她的位置？」

「是啊，我打算提拔妳。」

「可是，」莫西猶猶豫豫地說道，「我擔心自己的能力有限，無法勝任這個職位。再說我才來公司不久，你這樣提拔我，我擔心其他同事有意見。」

「他們敢，我是老闆，我說了算！」沒想到老頑童還挺霸道的，「我說妳有這個能力，妳就有！真是傻丫頭，提拔了可是意味著漲薪水，難道妳不喜歡錢？」

聽老頑童這麼說，莫西心想，廢話，誰不喜歡錢，但要看這個錢怎麼個賺法。

見莫西不吭聲，老頑童接著說：「我提拔妳就是相信妳，妳也要對自己有信心。我是看好妳的！」

「您看可不可以這樣，」莫西想了想提議道，「公司裡的員工很多資歷都比我老，做事也比我有經驗。你先讓他人擔任這個職位，我對公司各方面都熟悉了，那時如果你還看得起我再提拔我怎麼樣？」

老頑童眼珠一轉，覺得莫西說的有道理，便按照她的提議辦了。

如莫西預料的那樣，被提拔的同事上任後，表現平平，幾個月後，不得不退下這個位置。這時莫西再一次被定為升職候選人，這一次她沒有拒絕。

身在職場，很多人都有一個「升職夢」，雖然莫西也有著一樣的心理，但是她更明白對升職說「YES」還是「NO」。這取決於自己生活的這架天平偏向哪一邊，如果升職了，卻讓自己壓力重重，無法過得輕鬆愉快，那就不值得了，畢竟，工作與升職，都是為了更好的生活。

升職攻略

・**判斷**——升職，對很多人而言是一件天大的好事，升職可以給你更大的發展空間，但是你也要綜合地考慮自己將擔任的職位適不適合自己，你將來有沒有作為，與其最後只能尷尬收場，還不如不升職。

・**謹慎**──升職了，並不代表就可以高枕無憂，很多時候你將面臨著一個更大的挑戰，需要你更多的聰明才智去應對全新的問題。現實生活中馬失前蹄的例子時有發生，因此你要經常給自己提醒，讓自己更細心、專心、用心。

・**謙虛**──謙虛不是自卑，是一種難得的人生的態度，只有依附於集體，團結別人一起辦事，才能做成大事，實現自己的價值。

・**友情**──不要傷害一個朋友，一個同事，沒有必要因為一時的職位上升而讓自己少了一個朋友而多了一個敵人。

16、單身是辦公室的「寶」

俗話說，男女搭配，工作不累。辦公室全是男同事或全是女同事在一起，會顯得十分的單調，對莫西這個色女而言，更是如此。

莫西所在的部門清一色女子，閒暇的時候在一起，議論的話題，不是家務瑣事，逛商場，買化妝品，做美容，就是吃飯、逛街，談論的共同點就是麻將桌上的輸贏事。而真正忙起來，個個都是忙忙碌碌，鴉雀無聲地埋頭工作。那幾個月快把她這朵妙齡之花熬枯萎了。現在好了，莫西終於要換辦公室了，不用面對一屋子的花朵了。

銷售部的那些人原本對錢莉莉的離開萬分沮喪，現在得知又要來個年輕貌美單身的女上司，立刻喧噪起來。這天上班，一大早那些男士們還私下開了一個「小會」，副經理超神秘地對他們說：「走了莉莉我們已經傷心欲絕了，好在上天待我們不薄，給我們又換了一個女主管，雖然姿色上沒有莉莉姐那麼萬人迷，但是也是大美女一個。據說她可是我們公司最年輕的，還沒結婚哦！好開玩笑的，願意說俏皮話的，到時候都給我注意點分寸！」

「不會，不會！」大家紛紛響應。

副經理望了望大家，內心的喜悅似乎有些按捺不住：「今天是星期五，趕緊把手頭的工作處理一下，下午環境打掃，不能再像沒有女人的家——亂七八糟的了。」

收拾得當，到了上班時間，副經理派了人到莫西辦公室幫忙拿東西。見到銷售部男同事的殷勤樣，和莫西同處一個辦公室的那些女人們真是眼紅。

當然，這只是個開始，甜頭還在後面。處於這樣一個「狼多肉少」的地方，莫西簡直就是一塊寶，她的話在辦公室裡就是「聖旨」。更搞笑的是，莫西發現有幾個男同事似乎還萌生了要追求她的念頭，又是給她買咖啡，又是送禮物的，殷勤的不得了。

最近部門接了一個大專案，莫西幾乎把辦公室當家了，天天加班。此刻，莫西才體會到顧小北一開始說的話「工作上一個人優勢更多，如果他願意的話，可以工作開夜車，週末加班，可以一直奉陪到底……」要是在臺灣，「拖家帶口」的她這樣的工作方式肯定是不行的。為此，老闆也是特別欣賞莫西，經常打賞銀子不說，還給她的部門提供最大的便利，甚至在公司弄了一個小廚房，方便用餐。

這一天又要加班，同事孫志明湊到莫西面前，笑嘻嘻地說：「女人這麼拼命很容易老的哦！」

莫西白了他一眼：「不去工作跑我這裡來偷懶了？」

「哪敢哪敢，妳覺得我們辦公室的這些人怎麼樣？」

「大家都挺好的。」

「那妳覺得哪一個是妳最欣賞最喜歡的？」孫志明賊兮兮地說道。

這麼一問，莫西馬上明白了，這個孫志明肯定是那些男同事派來刺探她的，便說道：

「你們呢，都很好。」

見到從莫西嘴裡套不出什麼，孫志明只好頹廢無神地離開了。

莫西心裡有自己的小算盤，她雖然對辦公室裡的劉浩然頗有好感，但是一失足成千古恨，辦公室戀情她才不會傻傻地去觸碰。再說，她正在享受著單身的種種好處，被辦公室的這些男同事們當女王一樣地對待著，她才不會這麼輕易就失去這種優待。每次看到公司其他女同事對自己投來羨慕的目光，說些酸溜溜的話，她就會特別高興和驕傲。這也算是女人一種小小的虛榮吧！畢竟在公司除了錢莉莉，她可是第二個享受這種待遇的女人。

想到錢莉莉，莫西敬仰之情更是滔滔不絕，在公司不僅老闆賞識她，公司的男同事們也都把她敬若女神，有百分之八十的人追求過她，但是都被她一一拒絕了。莫西曾小小地打聽了一下劉浩然有沒有追求過錢莉莉，結果幸好沒有，讓她對劉浩然更是有了好感，心想哪天自己真想戀愛了，也許真可以考慮考慮他。

辦公室單身攻略

・**脾氣**——好脾氣但不能太好。雖說心態不浮躁實屬難得，可是沒脾氣，會讓人覺得你好欺負，最後不僅成為不了辦公室的寶，還會讓自己淪為人人都可宰割的辦公室「羔羊」。

・**錢財**——有錢但不能「太有錢」，錢當然很重要，屋沒一間，車沒一輛，上街買菜得摸著錢袋思謀半天，長時間在貧苦中掙扎，「摳門」指數比一般人多出百倍千倍，這樣的生活當然會累死。但是有錢不等於要炫耀，辦公室打扮最好不顯露出來，要知道炫耀有錢的人往往被人等同於膚淺的人，即使有人對你再有好感，也會「畏懼三分」。

・**事業**——有事業心但絕不是工作狂。誰都欣賞有事業心的人，但沒有人會喜歡工作狂的，工作狂不左顧右盼，不朝秦暮楚，一心一意拴在事業中，經常吝嗇地不肯花費一秒鐘的時間和同事開開玩笑，不肯跟朋友聚會逛街，在同事和朋友眼中，你不過是一部只會工作的機器，和你共事了無生趣。

・**自愛**——單身往往給身邊的人「有機可趁」的感覺，常常會無端地招惹一些花花草草，如果此時自己還不懂得自愛，不僅成不了「鑽石王老五」，還會淪落為人人都看不起的「公車」。

17、遭遇「鐵公雞」副總裁

莫西雖然榮升為銷售部的「第一把手」，但是銷售部受公司副總裁余總管理。余總，山西人，是老闆的朋友也是他的合夥人，在公司頗有地位和影響力，公司裡的人私底下都叫他「二老闆」。

公司大部分都是未婚的男女，週一到週五，辦公室裡瀰漫著單身貴族的快樂，週六到週日，辦公室充斥著「北漂」（註４）的寂寞。余總一大把年紀了，莫西心想肯定是家庭事業雙豐收的人啦，但是讓她很不理解的是余總似乎把公司當家了，下班時間也和他們一樣賴在公司不走，還不時加入他們的單身派對。透過莫西的旁敲側擊，才打聽到余總原來早就離婚了，榮升為「鑽石單身漢」只可惜老了一點。

因為沒有另一半的約束和監督，所以，公司的單身貴族們的口袋常常迅速乾癟。剛發薪水的前三天，生活最精彩，經常一起泡吧、K歌；臨發薪水的前三天，身無分文便只能就聚在公司加班，此時的人是最齊的。而這時，余總經常會提議公司的男女「貴族」到火鍋城去吃本月最後的晚餐。余總再老也是「鑽石級的王老五」，人家抽的是雪茄，喝的是紅酒，生活得瀟灑精緻，遠非莫西這樣的小職員能比，但是讓莫西等人非常不滿的是，每次聚餐余總都要平分制，美其名曰與「國際接軌」，真讓人受不了。

這一次，莫西這幫單身「貴族」又處在青黃不接的饑荒時期了，都在公司嚴陣以待，熱切盼望著余總的到來，希望這個「二老闆」能請大家好好吃一頓。臨近黃昏，余總才搖搖晃晃地進來了，手裡拎著一包熱騰騰香噴噴的肉餅，一面尷尬地看著大家，一面熱情地打著招呼：「快來嚐嚐，剛出爐的肉餅，我也沒錢了，剩下的錢買肉餅了。」辦公室十幾個人，除了莫西一個弱女子，其餘的都是胃口大的男士，大家你看看我，我看看你，誰都沒有對肉餅下手。

對余總的「摳門」，莫西在當總裁助理時早有耳聞，如今在他手底下幹活，更是深有體會：夏天捨不得開空調，在辦公室裡轉風扇，見到辦公室裡有人開空調，「崇尚節儉」的話會說一大籮筐，直到你把空調關了為止；請大家吃飯，明文規定不能點貴的食物；加班訂餐，全是便宜的小吃，不能吃有肉的速食……同樣是老闆，余總和老頑童的差距怎麼那麼大，莫西不禁懷念起當總裁助理的「美好生活」了。

據莫西瞭解，錢莉莉是在余總手下幹的最長的「老員工」了，她實在想不通，憑莉莉姐的實力和能力，怎麼受得了這個摳門的「二老闆」。

這一天，莫西又被二老闆的摳門氣的七竅生煙，真想直接把資料甩在余總身上，很瀟灑地說一聲不幹了！莫西整理了一份給客戶的資料，因為要給客戶的便用新紙來列印，沒想到余總見了，非常生氣，責怪莫西不懂節儉。

錢莉莉剛好有事來到銷售部，見莫西氣呼呼的樣子便問道：「呦，我們的大小姐，誰惹妳生氣了？」

「還能是誰，公司裡的那個『鐵公雞』唄！」莫西回答。

聰明的錢莉莉一聽便知道莫西指的是誰了，笑著說：「我當什麼呢！習慣了就好。」

「莉莉姐，我真不明白，妳當時在銷售部時怎麼會受得了他？」

「百分之九十九的打工者都認為自己的老闆很吝嗇。對於這個問題，以前我也覺得老闆是吝嗇的，直到我讀到一本書，才發現，老闆們不是吝嗇，而是精明！和妳這麼說吧！曾經我到過一個只有一百多個員工的職工宿舍，宿舍裡髒的一塌糊塗，廁所更是沒有落腳的地方。宿舍樓裡為什麼這麼髒，原因是老闆請一對夫婦當清潔工，給的錢很少，這對夫妻就不好好幹活，而老闆也只是睜一隻眼閉一隻眼。然而，在他們工廠裡幹活的一線工人，薪水都很高。老闆很精明，非常清楚投入和產出比，他明白環境弄得再好，還不如給一線員工增加薪水提高他們的滿意率。余總雖然摳門，但是在對待員工獎金和福利上從來不打折扣哦！」

經莉莉姐這麼一說，莫西仔細一想也是，「二老闆」發薪水從來很準時，加班費該給的給，很少出現「缺斤少兩」的事情，答應的獎金專案完成後都會兌現，要不是如此，大家早就一窩蜂地離開銷售部了。

摳門上司應對攻略

- **認識**——要獨具慧眼，看透老闆和上司的「摳門」表象，清醒地發覺到他的摳門是出於節儉還是出於對員工利益的盤剝，從而決定應對策略。
- **應對**——如果老闆和上司的摳門只是出於節儉的一種行為習慣，並不會妨礙我們自身應得的利益，如不克扣薪水、獎金等，那麼面對其摳門行為，應該抱著理解的態度；如果老闆和上司的摳門行為是對員工利益的盤剝，這時最好的辦法便是「三十六計走為上策」。

註4：北漂：在特定的意義上，是指那些從其他地方來到北京（『遷移』應是「漂」的第一層含意），在北京生活但卻沒有北京戶口的人群，他們或已經有職業，或正在尋找發展機遇（「未紮根」應是「漂」的第二層含意）。這些人幾乎都是年輕人，多數人往往具有一定學歷或較高的文化素養、知識技能，他們主要尋求在文化產業、高新技術產業等領域一展抱負。

18、別騙人啦，同事才不會是朋友

週末，莫西和顧小北海吃一頓回來後，突然問道：「小北子，你有沒有想過天天和你在一起時間最長的是誰？」

「誰？」顧小北一臉霧水。

「不是你的家人，不是你的朋友，不是你的戀人，而是你的同事。他們和你在辦公室裡肩並肩，同工作，同吃喝，同玩樂。」

「別，我可從來不和同事同吃喝、同玩樂，他們對我而言上班是朋友，下班了是陌路。」

「你怎麼這麼冷漠無情！」

「要死啦，我可是『同事受害者』。那時候年輕不懂事，見一個人就把他當朋友對待，到最後還不是被對方給賣了！」

顧小北原來在公司曾和一個「長輩」關係密切，初涉職場的他憑著朋友義氣，對這個「長輩」可謂「言聽計從」，百般信任。誰成想，一次兩人合作一個案子，那個「長輩」粗心大意不小心把客戶提供的資料弄丟了，在公司「家大業大」的他把責任全都推到了顧小北身上，讓顧小北這個初進公司還未站穩腳跟的毛頭小夥子有口難辯，白白被扣了一個月的薪水賠償給客戶。

其實，莫西不是莫名奇妙地問這個問題，前一段時間錢莉莉遇人不淑的事件，深深地給她上了一課，讓她深感同事之間微妙和複雜的關係。

海逸比錢莉莉年長幾歲，兩人一起共事很長時間了，加上海逸對人熱情，錢莉莉一直把她當成姐姐看待，有什麼心裡話都對她說。兩個人姐姐長妹妹短叫的不亦樂乎，無論是下班還是上班都膩在一起，在莫西眼中她們關係好的就像親姐妹。年終評選優秀員工時，一直認為自己表現不錯的海逸沒有評選上，而錢莉莉卻評選上了，於是，她就認定是當人事主管的小妹搞得鬼，任憑錢莉莉怎麼解釋都沒用。從此，兩個人形同陌路。

不久，公司裡就傳出很多關於錢莉莉的謠言（錢莉莉在公司謠言一直不斷），有的說她是因為和老闆有親密關係才有今天的地位；有的說錢莉莉正在被有錢人包養著，那次請假是去醫院做人工流產……把錢莉莉氣的每天就差「以淚洗面」了。當然，海逸不是錢莉莉的對手，在公司沒有錢莉莉那般根深葉茂，拼實力拼人緣都處下風，一個月之後，活生生地被錢莉莉排擠出了主要部門，到公司的冷門部門坐冷板凳了。過了一段時間，毫無「出頭之日」的海逸不得不辭職離開公司，另謀高就。

這場「姐妹戰」莫西可是全程目睹，讓她心有餘悸。別看錢莉莉平時對人和藹可親，可是報復起人來毫不含糊，讓莫西心裡都有點「後怕」。慢慢的，錢莉莉在她心目中難免有點「妖魔化」了，感覺在公司誰和她鬥誰就倒楣。

這件事之後，莫西從錢莉莉身上似乎發現了以前從來沒注意到的一個問題，在公司，錢莉莉從來不談自己的私生活，以致於在她這個單身女人的身上總有一種神秘感；她對公司裡的每個人都很客氣，但是下了班之後從不參與同事自發性舉辦的任何活動；從來不談論任何人的是非，聽到一些關於自己的謠言笑笑就過去了……不過很奇怪，錢莉莉對莫西頗有好感，工作和生活對她都挺關心的，這種關心並不是偽裝的，讓莫西又覺得錢莉莉真是人間最好的「神仙姐姐」，忍不住想把自己的小秘密向她述說。為此，顧小北總以過來人的身分對莫西頗有微詞，說她太單純太善良什麼的，讓莫西大為光火。

「對抬頭不見低頭見的人天天愛理不理的行嗎？」莫西不服氣地問道。

顧小北撇撇嘴說道：「要死啦，當然不行，很多時候工作心情、工作氛圍、工作成績的獲得和同事有著密不可分的關係。所以，在辦公室裡還是要維持著『朋友的面』，這也是辦公室生存哲學。」

同事關係已經成為困惑都市人的因素之一。俗語說的好「要飯的看不慣討米的」，在同個公司共事，利益關係最為明顯，衝突也最容易發生，同事之間很難成為真正的朋友。無論表面上他和你多麼親近，一旦涉及到獎金、升職、職稱評定這些「僧多粥少」的好事，便立刻撕去偽善的面孔，「兇相畢露」，說你壞話，工作時給你製造點小麻煩……那時還有什麼哥啊妹啊之間的情誼，有的只不過是赤裸裸的利益之爭和相互傾軋。

因此，至少有三個理由不能和同事成為朋友：容易受傷害、容易惹麻煩、容易被誤解。已經「開悟」的莫西，從此對待同事問題上開始變得非常「謹慎」，當然，她也開始向錢莉莉學習，對待每一個同事看似熱情、親切，實則只是應付，並不「掏心掏肺」。

這樣下來，她的日子反而清閒，除了工作上的一些小摩擦，並不涉及個人恩怨，讓她在公司的小日子過得相當省心。

同事相處攻略

・**偽裝**——人都是自私的，職場上有的只是赤裸裸的利益關係，當然，我們不能冷落了同事，適當偽裝自己，運用親切、和善之類的「偽裝術」還是非常有必要的。

・**相處**——想要別人對你好，首先你要對別人好。在辦公室裡大可以表現出對同事的關心和關切，雖然不會去以心換心，但是不能讓自己「以牙還牙」。

・**是非**——單身雖說是辦公室裡的寶，但也是非議最多的對象，稍一不慎就可能「臭名遠揚」。因此，不要過多地談論是非，尤其是不要談論上司和同事的是非長短，不給別人可趁之機。下班後，各回各家，在私生活上最好不要有半點牽扯，因為你的私生活往往就是謠言的來源，一不小心可能會讓你「命送職場」。

19、守護好獨屬於你的「一畝三分地」

工作之後，莫西覺得職場中人心叵測，每個人都像戴著面具在生存，日復一日重複著小心翼翼如履薄冰的日子實在很辛苦。雖然莫西經過一番努力成功得到公司的認可，但是一段時間後發現自己對這份工作有點懈怠了，常常感到無聊、枯燥、提不起精神。特別是每次回到在辦公室裡屬於自己的那片毫無情趣的「方寸之地」，心裡更是說不出的煩悶。

當然，身為部門經理，莫西的待遇已經算是非常好的了，雖然不能像老闆和余總那樣獨自享有一間有落地窗，陽光明媚的辦公室，但也不用像部門其他人那樣，擠在一間大的辦公室裡，獨自忍受著用夾板分割出來的巴掌大的空間。每次抬頭，視線就被那淺白色的夾板活生生地擋回來，說不出的壓抑鬱悶。當莫西望著擋板要將辦公桌桌面鋪成汪洋大海，在辦公桌上只能看到黑色的鍵盤、電腦，絲毫沒有其他亮麗顏色時，連拿起一個小小的隨身碟都覺得沉重……

莫西本是一個很懂生活情趣的小女人，剛搬到辦公室的時候，還帶了一些花花草草來裝點一下自己的「私人領域」，可是，部門的那些單身男士簡直就是一群土匪，不過幾天時間就把她辦公桌上的花花草草「打劫」殆盡，連顧小北送給她的小玩偶都不放過。這個也就罷了，讓莫西最為惱火的是中午休息時間，經常有人來這裡「偷懶」，還會非常八卦地打聽一些「個人問題」。

這一天，顧小北來莫西公司附近辦事，一進莫西的辦公室便直搖頭：「要死啦，妳的辦公室怎麼比男人的還男人，妳真的要花點心思好好佈置一下了。要知道，一張辦公桌就如同一本書，辦公桌上有什麼內容，主人也就有什麼內容；辦公桌是什麼層級，主人也是什麼層級。」

「廢話真多，我的地盤我做主，輪不到你指手畫腳。」莫西沒好氣地說道。

「算了，不和妳這個『男人婆』計較了，這個週末我去買些小東西幫妳送過來，以我顧小北的眼光，絕對是可以讓妳這裡煥然一新。」

「別，買來的東西還不夠那些人打劫的。」莫西說著向大辦公室努力努嘴。

「有沒有搞錯，這是妳的地盤，怎麼能讓那般小子胡作非為。對待上司這麼放肆，太不像話了！」

「算了，沒必要為這點小事計較。」

「隨妳。我還有事不能耽擱太久，先走了。」顧小北說完便走了。

顧小北前腳剛出辦公室的門，後腳孫志明就進來了。

他笑嘻嘻地問莫西：「莫經理，剛才那個人是誰？」

「一起長大的朋友。」

「那就是青梅竹馬了？」

莫西不想理會他，不耐煩地說道：「不好好工作打聽這些做什麼，交代你的事情都辦好了嗎？」

「還差那麼一點點。」

「出去，趕緊給我工作去！」

孫志明只好悻悻地離開。

之後的幾天，辦公室裡便到處流傳著莫西「青梅竹馬」的傳說，劉浩然看莫西的眼神都怪怪的，總是有意無意地疏遠莫西，真是該死！劉浩然可是莫西戀愛的頭號目標，怎麼能在他心目中留下自己已有男朋友的印象呢？但是這種事莫西知道越解釋越說不清楚，索性她當作沒聽見，同時暗下決心，只要時機成熟就對劉浩然發動「求愛」攻勢。

這件事給了莫西一個教訓，讓她明白進行一場「辦公室私人領域保衛戰」是很必要的。為此，她置辦了很多自己喜歡的小玩意兒，她明白雖是彈丸之地，但是裡面也要有自己的生活小情趣、小愛好，並對大辦公室裡的那些下屬明文規定未經她允許不准動她的東西，中午的時間更是禁止他們入室把她的地盤當作休息場所。

莫西要學會辦公室的生存技巧，開荒破冰，創建屬於自己的職場新領地！

辦公室保護私人領域攻略

- **擺設**——辦公桌可謂是你在公司唯一的一個私人領域了，只需要加一些自己喜歡的小玩意兒，比如那些顏色鮮豔、外形可愛、充滿童趣的辦公小用品，把辦公桌變成自己的遊樂場，不僅能為你的工作增加便利和情趣，還能讓人覺得你是一個會享受生活，有品味的人。
- **領地**——小心你進行交談的位置和你說的話。辦公室裡的小隔間、走廊、電梯都不是你的私人領地，不要講低俗的笑話和洩露公司機密，也不要講同事的閒話或宣揚你的種族、宗教等觀點。

・**私事**——永遠不要打那種用掉一盒紙巾才能打完的電話。同樣，永遠不要在公司的郵件裡寫入任何你不想被老闆和同事看到的東西，許多系統將刪除的消息保存到一個管理員檔案夾，很多人都是因為被點擊「恢復所有」按鈕、傳播低俗笑話、發表自己的一些私人感悟，或怒罵老闆被所有人看到而被炒了魷魚。

・**平衡**——只知道整天埋頭工作不懂生活的人一定不會成功。利用休閒的時間，和同事們一起玩樂一下，這樣的互動機會能夠促進同事之間的關係。總之，不要讓讓工作凌駕於你的人生之上。

20、亮能力不亮個性

公司新招進一個大男孩，名字叫星星，分在了莫西的部門。說起星星，莫西只能用「奇葩」來形容。剛見面時，莫西對這個身高一百八十公分的大男孩印象挺好的，覺得「人長得挺秀氣，也聰明」，但是一談話莫西就被驚嚇到了。

莫西問星星：「你認為自己最大的優點是什麼？」

星星回答：「讀書，睡覺。」

「你最大的缺點是什麼？」

「心煩！」

「你交朋友最注重什麼？」

「衛生，乾淨。」

「你更喜歡獨自工作還是合作工作？」

星星想也不想地回答：「隨便。」

莫西想了想問道：「你對上一份工作有哪些地方不滿意？」

星星回答：「沒有美女。」

「那你對本公司有什麼期待？」

「沒有。」

「你對委任的任務完成不了如何處理？」

「沒有我完成不了的。」

當然，星星除了說話驚人，簡歷也很驚人，出生年月是一九九／十／十一——難道是古人嗎？家庭詳細地址，剛開始寫湖南，後來畫掉變成湖北了——難道居無定所？莫西真懷疑老闆的腦子秀逗了，竟然招進這麼一個「奇葩」。但既然已經招進來了，莫西還是要認真對待，好好安排工作，於是便把整理採訪客戶錄音的工作分派給他。

按照公司的規範做法，星星需要將錄音內容進行分類，然後做摘要和總結。公司對這類檔案的標題和格式都很講究。當星星將做好的檔案交給莫西時，還未等她發表看法，他先給自己下了評語：「莫西姐，我覺得自己做的很專業了。」

等看完交上來的檔案，莫西徹底無語：星星直接將整理出的錄音內容列在文檔上，完全不講究語法和格式，總結部分的提綱性也不強，幾乎找不到能讓人滿意的地方。

這件事後，莫西有意讓星星「再鍛鍊鍛鍊」。星星是英語專業畢業，莫西便將一個翻譯的工作交給他，也算是學有所用了。莫西先讓星星拿點資料回去熟悉一下一些專業名詞，星星還挺乖的，拿了很多資料回去看。看完後，星星充滿自信地跑來說：「莫西姐，妳放心吧！」結果到客戶那裡一亮相，大家都傻眼了。美國來的技術員說完後，星星愣了好大一陣，才結結巴巴蹦出幾個詞，而且譯出來的好些專業名詞都不對。幸好莫西早有準備，帶劉浩然來救場。

回到公司後，星星對莫西說：「我覺得自己還不太行……」這句話讓莫西想到他剛來的時候，可是特別拽，他和老闆說：「我覺得你們這點薪水還不夠我做幾個小時翻譯的呢！我過來不是為了賺錢，是為了鍛鍊自己。」當時這話就讓莫西很鬱悶，好像自己做的事特別沒價值似的。

工作之餘，莫西和錢莉莉也會聊起星星，錢莉莉表示理解地說道：「我是一個個性張揚的人，追求的是無拘無束、自由自在的工作和生活方式。這樣的個性也在我的求職過程中引出了一些麻煩……」

錢莉莉曾應聘過一家合資企業，經歷了一次失敗的面試。在通過了初試、筆試後，錢莉莉獲得了最重要的專業面試機會。面試官是一位中年男子，錢莉莉一進門他就愣了愣——

當天錢莉莉穿了件露臍衫，配了條超短裙，一副我行我素的張揚樣子。

面試官乾咳幾聲道：「妳的初試成績還是不錯的。我看妳報的是商貿方面的職位，為什麼呢？」

錢莉莉覺得沒有必要掩飾自己的真實想法，便回答道：「貴公司商貿方面的工作有機會和外國人接觸。我的英語絕對過關，也喜歡和外國人溝通交流，我想做這方面的工作主要是出於個人興趣，再說還有出國的機會。」

面試官有點驚訝：「妳說話很直接啊！可是妳要知道，和外國人打交道並不是妳想像的那麼簡單，外國人也很狡猾，」他頓了頓話鋒一轉道：「不過我要提醒妳的是，我們公司在穿著上是有規定的，不能太隨意，更不能太暴露！這樣吧，妳先回去等我們的通知。」

當然，錢莉莉沒等來這個通知。

末了錢莉莉說道：「因為面試時在穿著打扮和回答問題時太過張揚自己的個性，才失去了這個工作機會。不過沒有這次經歷我也許不會成長，公司需要的不是個性是能力。」

每個人都有自己的獨特個性，但既然是身在職場，無論你的個性如何，遵守公司的各項制度與規章是必須的，不能因為自己的個性而影響公司的正常運轉和聲譽。當然，在遵守規則的基礎上，適度發揮個性也無妨，但天天遲到早退那種的絕不叫個性，叫任性。另外，公司最看重的還是你的能力，能力強，個性一點綴會為你添光添彩，沒什麼本事，卻大有個性，只能讓你成為職場「砲灰」。

能力保鮮攻略

- **取經**——任何人的智慧都是不可替代的，多接近那些擁有很多你所需要的專業技能以及犀利眼光的人。當然，這個人不一定要既完美又有影響力，只要是一個可以幫助你進步的人就足夠了。
- **學習**——身在職場一定要保持不斷學習的心態。如今日新月異，你所掌握的知識很快就會變得陳舊，不更新自己的「知識庫」，很快就會淪為職場「老人」，一文不值。
- **熱情**——愛一行才能幹好一行。如果有機會，盡可能找到你最喜歡的職業，讓你的熱情得以延續，也可以讓你的個人價值得以實現。
- **目標**——失敗並不在於沒達到目標，而在於沒有目標去努力。設定目標並為實現它，計畫你每日的活動。管理好自己的工作重點，集中精力於那些能夠實現你目標的任務上，讓自己精益求精。

21、我和客戶有個約會

莫西雖然年紀輕輕就擔任公司銷售部的經理，但是在對待客戶問題上她還是有點「力不從心」。每次錢莉莉帶著她一起去見客戶，陪客戶說話都很不自在，餐桌上她心裡想著讓客戶簽約的事，卻完全不知道自己該說什麼該做什麼，很多時候不過是自己在一邊低頭「猛吃」，往往造成冷場，然後自己再尷尬地笑笑。從此，和客戶吃飯成了她的夢魘，她也常常因為沒陪客戶吃好這頓飯而遭到客戶不滿、老闆的批評。萬般無奈的她，真想讓自己變身「吃飯說笑達人」，在觥籌交錯間讓客戶開懷大笑，滿意多多。幸好每次都有錢莉莉這個「萬人迷」，能說會道的，讓飯局氛圍輕鬆很多。

每次見完客戶，莫西無比崇拜地對錢莉莉說：「莉莉姐，妳真的好棒，不像我這麼笨手笨腳的，客戶們都對妳讚不絕口。」

錢莉莉總是笑著向莫西「授業解惑」：「應對客戶沒那麼難，和客戶聊天就多聊些輕鬆愉快的事情。在飯桌上不必反反覆覆談生意上的事，這反而會引起客戶反感，覺得這飯局設得『勢利』，不如在暢飲時談一些輕鬆休閒的話題，比如娛樂八卦、商界傳奇等，還可以適當聊一聊生意場上大家共同認識的夥伴，只要讓飯局的氛圍輕鬆融洽的話題都可以侃侃而談，在關鍵時刻別忘了點一下妳的『目的』，就可以了。」

還別說，經錢莉莉這麼一指點，莫西還真有點開竅了，對待客戶雖然不能說是「遊刃有餘」，但也能基本讓客戶滿意。

這次，就產品訂購的具體事宜需要去見一個客戶。對這個客戶莫西早有耳聞，據公司接觸過的人說，他是個非常挑剔、精明、老練的商人，公司之前派去的業務員全都在他面前敗下陣來，無法成功地讓他信服，讓他和公司簽約，只能由莫西親自出馬。

在職場，跟客戶談判是常有的事。談判就好比嘴唇上的拉鋸戰，誰稍微妥協或者誰稍微讓對方不滿意，都會毀掉「錢程」。莫西雖然在職場混了一段時間，但基本上還算是一個黃毛丫頭，對商業談判這種技術含量比較高的職場對決難免有點緊張害怕。以前有錢莉莉坐鎮，心裡還有點譜，這次要孤軍奮戰，更何況對手是久經沙場的老狐狸，想起來心裡就發毛。

雖然緊張害怕，但是「君命難違」，莫西只好想著以前學過的談判知識，硬著頭皮和客戶周旋了。

一見面，莫西就大大地恭維了一番客戶，讓客戶非常高興，整個談判過程還算融洽。之前，莫西已經瞭解了這個客戶的口味和愛好，選了一家高檔餐廳，還特意訂了客戶喜歡的酒。席間，莫西說說笑笑，不管是娛樂八卦，還是商界傳奇，什麼輕鬆就聊什麼。飯局的氛圍輕鬆融洽，當然在關鍵時刻莫西也沒忘了點一下自己的「目的」。但是當談到價格的時候，雙方僵持不下，客戶嫌價格高了，要莫西的公司再便宜些。莫西淡淡一笑說：「一分錢一分貨，我公司向貴公司推薦的都是最好的產品，這個價格已經是同類產品中最低的了，就算每件多賣上兩塊錢我公司也只能每件盈利五分錢……」在莫西耐心的解釋下，客戶不再反駁什麼，反而覺得莫西的公司已經很為客戶考慮，就同意了這個價格。整個談判雖說很困難，但莫西還是成功地將其拿下了，讓公司的人都對她刮目相看。

客戶應對攻略

- **觀察**——和客戶周旋一定要懂得察言觀色，在與客戶交流的時候要細心地留意客戶的一舉一動，看看自己的話是不是讓對方反感了，或對方對你的話毫無興趣，這時你就要懂得適時轉移話題。

- **試探**——應對客戶，要懂得用語言和動作進行試探。比如，你可以詢問對方身分、籍貫，從中獲取資訊；或透過對方的習慣、說話口音，來瞭解對方的情況，然後聊一聊他家鄉的風土民情；或者可以借箸用一下，找到一個談話契機等等。
- **挖掘**——發現與客戶的共同點不是很難，隨著交談內容的深入，你會發現共同點越來越多，但是你要懂得一步步地挖掘你和客戶之間深層的共同點，比如合作後的共同利益，這樣才能如願以償地讓客戶和你合作。當然最好的辦法是從大家都熟悉的人和事上找相同點。比如，你可以先說說時下的熱門新聞，從而發現彼此在志趣、愛好、職業等方面的共同點，這樣可以很快增進友誼，縮短彼此之間的距離。

Chapter 4

單身公主「生活記」

22、從來自由不等於放縱

今天是週末，莫西打算去顧小北那裡廝混一天。考慮到顧小北有睡懶覺的習慣，她特意挑了中午時間過去。

莫西按響了顧小北家的門鈴，好一會兒顧小北才蓬頭垢面地來開門，身後還傳來小米慵懶的聲音：「誰這麼煩，一大早就來敲門！」莫西當場無語了。

顧小北一見是莫西立刻叫了起來：「要死啦，這麼早來我家！」

莫西白了顧小北一眼說道：「本小姐高興，讓開，讓我進去。」

進到屋裡，眼前的景象讓莫西「怵目驚心」：地上橫七豎八地躺著十幾個啤酒瓶，桌上零零落落的到處是零食和光碟片，電視和音響的電源沒有關，沙發更是被蹂躪的皺皺巴巴，上面是一些亂七八糟的時尚雜誌。

「顧小北，你對待你的小窩太殘忍了吧！」莫西說道。

「天大的冤枉，這絕對不是我的傑作。」顧小北剛想辯解，見小米頂著個熊貓眼，穿著睡衣夢遊一般地出來，便立刻住嘴。

小米見到莫西親熱地叫道：「莫西姐，妳來啦，快坐。」

「坐？」莫西為難地看了看沙發，實在不知道該不該坐下。

自從莫西搬走之後，加上小米確認了顧小北和莫西只是純潔的朋友關係，小米才徹底收起對莫西的敵意，對她百般親熱。莫西「大人不記小人過」，對小米很友好，她知道以顧小北的好色本性肯定逃脫不了小米的魔掌，不搞定這個「正夫人」，肯定會影響今後她和顧小北的關係。只是小米的這種放任自由的行事風格真不知道顧小北是怎麼忍受下來的。

看到莫西為難的樣子，小米不好意思地笑了笑：「莫西姐，不要笑話，我平時懶散慣了。」

「沒關係，我一個人的時候幾乎也是這樣，特別是有朋友過來玩的時候就更亂了！」莫西打著圓場說道。

「朋友過來玩？」顧小北不可思議地說，「除了我，還有妳的那些同事，妳還有什麼朋友！」

莫西見顧小北絲毫不明白她的「用心良苦」，還揭她的短，暗受「內傷」，白了顧小北一眼：「本小姐好歹在北京混了幾年，有幾個朋友很正常啊！再說，我可不像你，把單身日子過得這麼放縱，人不人鬼不鬼的。」

小米說：「莫西姐說的是，也只有我受得了顧小北，妳不知道他有多懶，每天不睡到太陽曬屁股就不起床。晚上睡的很晚，先是看書，然後看電影，一直折騰到午夜，常常感覺自己還沒睡，咦，天就亮了。我說過多少回了就是不改。」

「多年養成的單身習慣說改就能改嗎？回想十年來，我基本上沒有十二點之前睡過。曾經學習、考研究所是堂而皇之的理由，現在網聊、BBS灌水、K歌、保齡球、一個人發呆填充了每個夜晚。厲害的時候通宵熬夜，平時的早睡也基本上在凌晨一點左右。要是受不了，以後少來我這裡。」顧小北辯解道。

「不是我說你，小北子，你這種過法可不行，還虧得是小米，要不然哪個女人受得了你。你真得好好收斂，讓自己生活規律些。」莫西苦口婆心地勸說。

其實，很多單身男女和顧小北一樣，生活雖然無拘無束，但也非常的放縱不規律，上網、泡吧、K歌……燈紅酒綠。這樣的生活在別人眼中看似瀟灑時尚，實則是在透支自己的精力和時間，白天醒不來，晚上睡不著，天天頂著個熊貓眼，精神委靡。

為此，莫西在顧小北的小窩「一把眼淚一把鼻涕」地規勸他，好在顧小北領悟力不錯，一再表示自己今後一定「痛改前非」，莫西才收起了自己「碎碎唸」的神功。

健康生活攻略

・**規劃**——人的一輩子，最經濟實惠的就是單身的時候，你盡可以把自己的資金有規劃地用在自己身上，可以吃好的、住好的，讓自己心情愉悅。我們穿最漂亮的衣服、買好的護膚品，讓自己青春洋溢，有了休閒時間就讓自己去讀書、看電影、旅行，讓自己瞭解別人和自己的人生，過充實的生活。

・**時間**——據統計，戀愛的人每天用百分之百的時間來交往，而思念的時間至少是百分之五十。單身可就不同了，可以擁有百分之二十的時間來完善自己，做自己想做的事。

・**漂亮**——對現在的都市男女來說，擁有獨立性格的你，絕對是吸引異性的一種重要魅力，就算以後再戀愛，獨立的你一定不會讓他掌控全域，至少也能全身而退。當然，想要活得漂亮，除了美美地打扮自己，更重要的是凸顯自己獨特的氣質。這就要讓自己多運動、多讀書，增長見識，健健康康，風風光光，這才會是長久的美麗。

・**能力**——單身生活會鍛鍊自己的EQ，改變自己的思想，從而在生活能力上也有所提高。小到繳納水電費，大到日後的職業規劃，一切都是自己來拿主意吧！絕對是一種最能歷練性格的途徑。

23、我有一個時間表

有人曾調侃，清晨是美女展姿的大秀場，夜晚是恐龍出沒的大夜場。剛看到這句話，莫西忍不住笑了，再仔細讀這句話，覺得這真是對女人清晨、夜晚兩種模樣的最佳寫照。

公司的那些女職員，一早起來，花大把時間對自己精雕細琢，大到一件衣服的選擇，小到一根頭髮的打理，無不做到萬無一失，光鮮到極致。在清晨的微風裡，看到的女人個個鮮豔無比。然而，對這漫長的對鏡貼花黃，她們也要付出代價——以遲到的姿態奔進公司，慌慌張張地準備開會資料，或者毫無頭緒地抓起一件工作忙碌起來，成堆的工作量預示著，她們將不得不減免喝咖啡，與同事聊聊的悠閒，一頭栽進這繁忙的一天中。好不容易到了下班時間，疲憊得很，整個人就像陀螺一樣轉啊轉，還是有好幾件工作沒有做完。此時此刻，因為缺乏活動，身上的衣服早已皺成了一團，加之電腦的輻射，休息的欠缺，工作效率的低下，她們早已變得灰頭土臉，倦容滿面。行走在夜風裡，早已盡失了風姿和魅惑。雖然莫西沒有像她們那般狼狽不堪，但是一天下來也是花容憔悴。只有錢莉莉那個

「妖女」什麼時候都是光鮮亮麗，簡直是「天山童姥」轉世。

由於上一次莫西成功搞定一個大客戶，這段時間比較悠閒，可以準時下班。小米為了討好顧小北最好的朋友，經常給莫西打電話，邀請她一起逛街、吃飯。每次莫西看著把自己裝扮的清清爽爽的小米，以為她是一個很會打理自己、打理生活的知性女子。但是，到過她的家裡後，面對凌亂的屋子，莫西對她的看法大打折扣（其實上個週末到顧小北家的情景已經可以印證小米家的情況了，只是莫西當時很善良地想只是週末大家偶爾放縱一下很正常）。小米表現的很不好意思，抱歉地向莫西解釋說沒時間打掃。可是她有雙休日，每天很早就下班了，應酬也不是很多，大部分時間還是在屋裡宅著，怎麼就沒時間了？這讓莫西很費解。

接下來的相處中，莫西才知道小米的問題所在。比如，很多時候，她知道自己在一個時段該做什麼、怎麼做、做到什麼程度，但就是不馬上去做，拖拖拉拉；做事往往有頭沒尾，剛開了個頭，又去做別的了，然後回頭再做這件事情的時候又重新花時間考慮該怎麼做；過於注重細節，特別是看書的時候，一般注意那些重點的地方就可以了，她不，她要一字一句認認真真地看……

小米也常常感嘆：「怎麼時間又白白地過去了，自己還是什麼都沒做好！」

關於時間的問題，莫西曾請教過錢莉莉，錢莉莉調侃說：「很多美眉都覺得時間不夠用，怪誰呢？怪上級？怪公司制度？怪事情太多？怪環境不好——別在找客觀原因了，一切的問題都在自己的身上。很多時候自己身上會出現這樣的一些問題：沒有目標和次序、優柔寡斷、忘記東西、不會自律、時間估算不切實際、沒有預期會發生什麼、沒有系統、過於注重細節等，身為一個成熟的職場人士和都市精英這些都是大忌。」

對於錢莉莉指出的那些問題，莫西不敢保證她一樣都沒有，她感覺對很多人而言這些東西就像是潛伏在體內的吸血鬼，一點一點地吸盡自己的時間和精力，而自己卻渾然不覺。最後成為了生活和工作中一個不停旋轉的陀螺，無意義地耗損著自己年輕貌美的生命。

時間攻略

- **規劃**——擬定一個時間規劃表：首先，利用晚上休息的半個小時，想想明天你要做什麼，將這些事情寫在便條紙上，貼在隨處可見的地方；其次，如果你一天要完成三件事情，那麼給每一件事情安排一個期限，從重要到次要排列，然後按照規劃嚴格執行；第三，你的所有時間都不能用來只做這三件事，而是留出一兩個小時做為處理當天緊急工作所用；第四，每天不要給自己安排太多工作，要量力而為，要不然很容易出現因為當日工作完成不了影響情緒的情況。

• **操作**——想要從時間那裡得到更多更有意義的東西，就要時時刻刻審視自己，把自己體內那些耗損時間的吸血鬼看牢了：首先，要有高度的警惕性和警戒心，不時地審視自己、反省自己，最好列出一些條目，對照著一條一條地排查是不是有浪費時間的情況；其次，把別人當成自己的一面鏡子，當看到別人出現這樣那樣的問題的時候，立刻把目光轉向自己，檢查自己是否也存在著這些問題，及時做出改正；第三，會自律，特別是面對玩樂、安逸的誘惑時，更要懂得自律，可以用名言警句或偶像事蹟來時刻提醒自己不要浪費時間。

• **休息**——時間是最公平的，每個人擁有的都是一樣多的，但是時間也是最不公平的，有些人得到的多，有些人得到的少，這就要看你如何合理分配了。工作雖然講究一氣呵成，但也要注意休息，這樣才能讓你的工作效率更高哦！

24、吃飯，一個人更不能隨便

「莫西，下班後有時間嗎？」錢莉莉問。

「有，什麼事？」

「晚上和我一起去赴約，有好吃的哦！」

「哇！」一聽有好吃的，莫西這個「吃貨（註5）」立刻兩眼放光，她可是好久沒有好好吃飯了。

一個人住，實在沒什麼心情做飯，很多時候莫西只是隨便拿點吃的哄哄肚子，經常是超市裡買個饅頭夾點肉鬆就是一頓，麵包加塊三明治一頓，一碗泡麵又一頓……莫西的肚子已經好幾天沒有油水了。每天下班，她最頭痛的就是今晚吃什麼？總不會又是吃一碗牛肉丸湯麵吧？這個偶爾一次就好了，經常吃是不好的！如果吃速食，又是一個問題，速食也是會厭煩的。況且速食十之八九既不衛生又不健康。而自己只是普通的上班一族，又有點假假的小資精神，但是配置的是真真的空癟錢包，如果想吃好一點的餐館，會花很多錢的。所以，吃飯一直成了困擾莫西的一個大問題。

錢莉莉想了想說：「如果妳有其他的朋友也一併帶上，我就不信不吃窮他，讓他知難而退！」

原來，請吃飯的是錢莉莉的一個追求者，聽說還挺有錢的，雖然錢莉莉喜歡錢，喜歡男人，但是她煩這個男人財大氣粗的樣子。拒絕了好幾次，那傢伙就是不懂得「知難而退」，反而越發覺得有趣，越想挑戰錢莉莉這個高難度，一天好幾通電話騷擾，說什麼非得請錢莉莉吃飯，還訂了北京一家最高級的餐廳。於是錢莉莉打算帶上一群人，把他吃怕，吃退！

在北京，這幾年來莫西也有一些好朋友，可是如今在身邊的好朋友也只有顧小北，至於小米頂多算半個朋友，但是礙於她是顧小北女朋友的身分，莫西也一併叫上了她。果然不出莫西所料，一聽要到本市最高級的餐廳吃飯，小米立刻激動地跳了起來，那個餐廳她可是夢寐已久了，無奈囊中羞澀，一直與其無緣。至於顧小北，他激動的原因則是可以和錢莉莉這個貌美如花的女子來一次「親密接觸」，甚至他心裡暗暗盤算著說不定自己能夠一親芳澤，和這個神仙美女成就一段愛情佳話——真是十個男人十個色！

約好顧小北和小米後，莫西對錢莉莉說：「莉莉姐，是不是也可以把公司的劉浩然叫上？」

「怎麼想著叫他？莫非妳……」錢莉莉洞察一切地笑道。

莫西臉一紅，辯解道：「沒有啦！妳別亂想哦！只是看他也是一個人生活，猜想好久沒有好好吃一頓了。我不過是想『借花獻佛』，表示一下我這個上司對下屬的關心罷了。」

「隨妳，反正人多多益善。」

下班後，錢莉莉、劉浩然、莫西準時出現在約好的那家餐廳。那個男人一見錢莉莉帶了一男一女臉當即就綠了，但礙於情面只好假裝熱情地招呼他們，讓莫西看了特別搞笑。

坐定後，那個男人翻了好一會兒菜單，說道：「你看，我們就四個人，點四種菜怎麼樣？」

錢莉莉對他嫣然一笑：「不好意思哦，還有兩位沒到呢！」

「還，還有兩位？」那個男人結巴起來。

「他們來了。」莫西望著門口，招呼顧小北和小米，「這裡，在這裡。」

顧小北和小米走了過來。

小米拍著那個男人的肩膀說：「哥兒們，謝謝你今天這麼大度請我們來如此奢華的地方，為了這頓飯我可是一天沒吃東西了。」

那個男人神色尷尬地說道：「哪裡，哪裡。」

錢莉莉笑著說：「您別介意啊！都是一群單身，平時吃飯太隨便了，肚子裡已經好幾天沒有油水了，你就多包含包含啦！」

「沒關係，今天你們隨意點，管，管，管飽。」

「管飽怎麼行，還得管好。」顧小北說，「為了這頓飯我們可是餓了整整一天。」

顧小北和小米還真不含糊，一口氣點了八個菜，莫西點了一個，錢莉莉點了一個，劉浩然沒點，六個人整整十個菜，末了，小米還很瀟灑地要了兩瓶紅酒。

菜上齊之後，大家一陣風捲殘雲。見到顧小北他們那種打掃戰場般的吃飯方式，那個男人活生生地被嚇到了，怯怯地說道：「難道你們平時吃飯都是這樣？」

小米把嘴一抹，說：「平時大多數時間一個人生活，餓一頓飽一頓的已經習慣了。能有吃大餐的機會，當然得最大限度地發揮自己的實力。今天我們基本上算是扶著牆進來的，當然要吃到扶著牆出去的境界。」

顧小北一邊吃一邊點頭。

「長期這樣不好。」那個男人說道，「以前我也和你們一樣，吃飯不規律，結果胃就出問題了。時下，暴飲暴食、不吃早餐、吃飯不定時定量，長期困擾著單身一族，其實，一個人吃飯更不能馬虎的，不時地給自己弄點精緻的飯菜，也算是一種生活情趣。」

聽他這麼一說，莫西突然覺得這個男人也挺不錯的，似乎生活方面很有情趣，便認真地向他討教起來。

單身飲食攻略

・**經濟**——單身貴族長期吃速食、吃飯館是很失策的，不僅又貴又不營養，衛生問題也有待商榷。為了改變這種狀態，要學會自己煮飯菜。你也許會說，自己煮開銷更大，更費時間，這就看你如何去做了，關鍵問題是如何選擇容易加工又比較物美價廉的食品。比如，選擇物美價廉的時令蔬菜，既便宜又營養。

・**營養**——在飲食方面保持自己每天所攝入的營養和熱量要能夠很好地維持自己身體的運轉。

・**主食**——覺得吃米飯費事，選擇麵食就好了，比如每天買些水餃、肉包或饅頭，再泡一碗紫菜湯、榨菜湯之類，還是非常方便的。到了週末可以邀三五個好友聚一聚，改善一下伙食，活躍一下氣氛。

・**收拾**——這一點十分重要，自己煮飯菜切忌懶惰，特別是省去碗碟端著鍋吃，想少洗一兩個碗，或者每次吃晚飯把碗筷一扔，直到沒有碗筷了才不情願地去洗碗，一旦養成習慣可就糟壞了。哪一天朋友來作客看到了，會被這小細節嚇跑的。

註5：吃貨：目前最廣泛也是大家最認可的解釋是指特別能吃，特別愛吃的人。語義色彩中性，正常使用環境下略帶褒義（具體視語境而定）。多指喜歡吃各類美食的人，有品味的美食愛好者，美食客，美食家。

25、勤洗勤換，新鮮生活每一天

銷售部終於要一改莫西「一女獨寵」的局面了，老闆讓星星離開公司，轉而到來的是一個面帶桃花，粉嫩的江南美眉——玉婷，引得銷售部的那些單身男士垂涎三尺。莫西是頂頭上司，他們不敢造次，但是對這個新進來的「小學妹」，個個摩拳擦掌。

莫西發現最近一段時間，銷售部的單身男士們，一個比一個整潔，就連一連兩個星期不換一次衣服的孫志明，也每天穿著一塵不染的白襯衫，有模有樣的。

莫西想玉婷畢竟是剛來，等這一陣新鮮感過了，大家也就正常了，哪知，都一個月了，辦公室的那些單身男士們見了玉婷還是一副神魂顛倒的樣子。莫西還觀察到劉浩然每次見到玉婷不是兩眼發呆，就是兩眼放光，和其他人一樣，一副沒出息的樣子。

這一天，莫西又看到劉浩然癡癡地盯著玉婷的背影，便上去揶揄地打趣他：「浩然，你是不是喜歡上人家了？」

劉浩然還沒回過神來，悠悠地說道：「我看她的樣子很乖巧，應該很賢慧。我不想洗

衣服，妳說是找女朋友好，還是找洗衣機好？」

劉浩然的話把莫西驚嚇到無言了，原來他是在女朋友和洗衣機之間痛苦地糾結著。

確實，對單身人士而言，日常生活中最令人鬱悶的事無疑就是做飯和洗衣服了。吃飯還好辦一點，可以叫外賣或是泡速食麵，但衣服就不好經常送到洗衣店了。因此，對絕大多數單身人士而言，房子裡可以沒有碗筷，但不能沒有洗衣機。每次面對滿滿一大盆衣服時，劉浩然總要指天斥地地咆哮一番：「好男兒志在四方，這哪裡是我們男人幹的活！」

「那還女朋友吧！還可以省下買洗衣機的錢。」莫西說。

「妳說的有道理。」劉浩然回過頭來，看到是莫西，猛然醒悟過來，不好意思地笑笑：「我這個人太懶，特別討厭洗衣服，妳知道的，我只是想找個洗衣服的人。透過這段時間我對玉婷的觀察，她很勤快。」

得知劉浩然不是真的喜歡玉婷，莫西心裡暗暗地慶幸了一下，但是一想到這個男人居然這麼懶，連衣服都不想洗，便靈機一動打算戲弄一下他。

「想要不洗衣服有什麼難的。」莫西想了想說，「首先，你準備十五條內褲、十雙襪子、四件襯衫。這樣你便可以兩天換一次內褲，三天換一次襪子，一個星期換一件襯衫，這樣算下來，夠你換一個月了。穿髒的衣物換下來之後統一密封在一個大塑膠袋中，這樣可以防止異味散發，也不至於以後找不到。外套和褲子基本上一月換一次，這麼算下來，一個月時間正好可以換掉所有的衣服，實現一次完美的大循環。如此一來，即便你是個懶散的、生活無人料理的單身漢，你一樣可以做個健康又衛生的人，走在馬路上看起來依舊陽光乾淨。如果你想把週期拉得更長一些，那你則可以準備更多的內褲、襪子及其他。反之亦然。當然，強中還有強中手，你還可以把衣服和襪子穿髒了再反過來穿，再髒了再反過來穿，可以持續一個月，但是我覺得你要是懶到那個地步你可以直接去死了。」

劉浩然聽莫西說完，竟然非常配合地說道：「妳的這個方法不錯，我明天開始試試，當當那個『強中強』。」

見自己的奸計沒有得逞，莫西狠狠地說道：「去死吧！」不過，她還是非常不放心地問道：「劉浩然，你不會真的要追求玉婷吧？」

面對莫西的八卦，劉浩然神秘莫測地說道：「噓，這是秘密，不可輕易對外人講。現在我的頭號難題是洗衣服，我先權衡了女朋友和洗衣機之間的利弊再行動。不過最近一段時間我發現辦公室的人和環境都整潔了很多，大家很有奮進小青年陽光清爽的樣，看來玉婷作用很大，很值得追求。」

莫西曾在網上看到這樣的話：「一般襯衣穿過六天，就能聚積百分之五的衣垢；而穿過十天衣垢就可達百分之十一。特別是外衣，天天和風塵接觸，污染的程度會更為明顯。被嚴重污染的外衣，其重量可增加百分之十五。這樣就會招引黴菌生長繁殖起來，使衣服發霉而受到損害，發出汗臭味，毒化室內空氣。同時，還會引起許多疾病的傳播，如疥癬一類的皮膚病和支氣管哮喘等。所以，衣服不要穿的時間過長，一般來說，冬天三～七天要換洗一次，夏天每天都需要換洗……。」莫西本人也是非常注重個人衛生的，她的至理名言是：「女人不能容忍自己總穿一套衣服，就像男人不能容忍自己只有那麼點錢一樣。」

單身換洗攻略

• **選擇**——在洗衣服時，要盡量用液體洗衣劑，固體洗衣粉一般不能徹底溶解，其成分必將對衣服外部造成損傷。如果只有固體洗衣粉，在洗衣前最好先用溫水充分溶解洗衣粉，將衣服放入洗衣粉溶液中浸泡，約十五分鐘左右，再放入洗衣機中洗滌，這樣雖然麻煩了一些，但洗滌的效果非常理想。

• **分類**——要把深色與淺色的衣服分開洗，容易被染上色的衣服單獨洗，或者將容易褪色的一面翻入內裡；材質特別嬌貴的衣服盡量用手洗，輕揉輕搓，自然晾乾；很多衣服是需要乾洗的，對乾洗店的選擇也千萬不能小視，因為品質差的乾洗店不但不能清洗你的衣服，相反它還會對你的衣服造成永久的損傷。只有專業的洗衣店才有足夠的專業技術和維護方法，清潔並保護你的衣服。

・**褪色**——預防衣服褪色也是有竅門的，比如可以用反曬法，晾衣服時，把衣服反過來，衣裡朝陽，衣表背陰；或者用酸洗法，在洗滌劑中加一～二匙食醋，也能防止衣服褪色；或者用加劑法，在人造纖維衣服洗滌時，在水中加一些食鹽，而洗高級的衣料可以在水裡加少量的明礬。以上的這些都可以避免或減少衣服褪色。

・**怪味**——有時衣物因晾曬不得當，會出現難聞的汗酸味，取白醋與水混合，浸泡有味道的衣服大約五分鐘，然後把衣服在通風處晾乾就可以了。

26、分門別類，我有絕招

雖說金窩銀窩不如自己的狗窩，但房間很亂總歸是不好見人的，窗明几淨有條不紊的房間不僅會給人留下深刻的印象，也有利於心目愉悅。這個道理劉浩然明白，但是一個大男人實踐起來難免力不從心。他的房間之所以凌亂不堪，最主要的原因之一是沒時間收拾。對他而言，襯衫直接扔地上要比摺好收起來省事。他的居住原則是，只要在房門和床之間還能走動，就可以對房間的凌亂聽之任之。

週末的早上，接到莫西和錢莉莉要來造訪的電話，還未起床的劉浩然猛地從床上跳了起來，對著電話說道：「我說大小姐，妳們女孩子週末來單身漢住處，就不怕『羊入虎口』？為了妳們的名譽著想，我看妳們還是別來了。」

「我才不怕，我有護花使者。再說，公司也要我多多關心下屬，別廢話了，我五分鐘後到。」莫西說完就掛了電話。

有鑑於玉婷對自己的威脅，莫西要對劉浩然先下手為強，她打算先從劉浩然的私人生活入手，為此，她可是費盡口舌才讓錢莉莉答應和她一起去劉浩然住處的。

劉浩然見攔不住莫西，便以迅雷不及掩耳之勢，起床穿衣。見自己凌亂的床他眉頭一皺，忙翻箱倒櫃扯出一件大床單鋪在上面，然後順勢在上面打幾個滾，床面看起來終於達到平整的效果。對於散落在地面上的零散小件，他用腳將其踢入床底下，然後再將床單拉低遮羞，這樣一眼望去整個房間基本上保持整潔而不凌亂。經他這麼一收拾，房間基本上看得過去了。

很快，門鈴響了，莫西和錢莉莉到了。

莫西進入劉浩然的住處，上下左右打量了一番說道：「想不到你這個大男人還挺整潔的，完全沒有其他單身漢的髒亂景象。」

見莫西誇自己，劉浩然臉騰地一紅，他清楚莫西看到的不過是表面現象，希望不會發現「真相」。

突然，劉浩然的行動電話響了，他在房間裡怎麼都找不到，過了一會兒發現放在床上，正在床單下不依不撓地震動著。劉浩然皺了皺眉頭，他可是沒有膽量當著莫西和錢莉莉的面掀開那件大床單，那裡面可是慘不忍睹。

「電話在床單底下，你怎麼不拿出來接啊？」莫西好奇地問道。

劉浩然不自然地說道：「沒，沒事，不是什麼重要的電話，接不接沒關係的。」心裡卻在說：真是該死，趕緊停下來。可是那電話還大有不接不甘休的勁頭，一個勁地震動個不停。

莫西看不過去了，走到床邊，猛地掀開了床單。在掀開的那一瞬間，她驚得目瞪口呆：天啊，居然有這麼凌亂的床！

「你的電話。」莫西掩飾尷尬地說道，「趕緊接。」說完，把電話遞給劉浩然。

劉浩然神色非常不自然地拿起電話向廚房走去。

「沒想到這個劉浩然如此邋遢。」莫西邊說邊整理起房間來。

錢莉莉笑了笑：「他邋遢不邋遢和妳有什麼關係，再說哪個單身漢不是這樣？瞧妳，倒像新媳婦一樣地幫他整理起房間啦！」

「我是看不下去。」

「看不下去和妳也沒關係啊！我看妳是中劉浩然的毒了。」

莫西臉一紅：「哪有，我是真的看不下啦！」

莫西把大床單取了下來，把被子摺好，又把下面的一件床單拽了拽，這一拽把床底下的那些小東西全都拽了出來，滾了一地。莫西在房間裡找了幾個箱子，分門別類一個一個放進去。

錢莉莉看了看笑道：「可憐的我今天就耗在這裡了，罷、罷、罷，誰叫我交友不甚。」

「整理這些東西我太有經驗了，不過是順手為之，莉莉姐不要多想哦！」

「不多想才怪！是不是玉婷讓妳有危機感了？」

錢莉莉真是厲害，什麼都瞞不過她。莫西只好轉移話題說道：「以前我也不怎麼會收拾屋子，東西到處亂放，結果我得花費好幾分鐘甚至數小時的時間尋找東西。後來我發現，只要擺放東西的地方有序可循，加上抽出少量時間整理，這一切就可以輕而易舉地避免，省時省力，房間整潔又乾淨。為此我還總結了一些小經驗，妳看著吧！很快我就會讓這個房間煥然一新。」

莫西說這些話還真不是自誇，為了讓自己的生活變得更有條理，尤其是為了讓自己的個人空間變得更有秩序，整理房間她特別有一手，什麼專物專地，什麼箱子歸納法、空間壓縮法，她認為只要採取這些辦法，即使再忙的人，只需花刷牙或檢查留言信箱的時間，就能把生活中的一些雜物擺放得井井有條。

雜物整理攻略

・**歸箱**——如果東西擺放得相當凌亂，角角落落到處都有，可以來個「一箱定乾坤法」：

找出一個盡可能大的箱子，把所有需要收拾的東西都裝進去，這樣整理以後，它能使地方顯得更整潔，讓相關的物品更容易處理。特別是對那些無法分類的東西，先收進箱子裡再說，以後坐下來處理箱子裡的雜物要比眼前立刻處理容易得多。

・**專物專地**——小窩凌亂不堪的另一個因素是東西沒有固定的地方。最簡單的解決辦法就是「專物專地」，給每一個東西設置一個固定的地方。比如 DVD，一旦找好放 DVD 的地方，就可以到處找找 DVD 並一塊兒放在這裡。只要有了專門的、固定的地方，DVD 或其他任何東西整理起來就會容易得多。

・**空間壓縮**——這個主要是針對特別喜歡亂放東西的單身漢專門發明的一個方法，用膠帶把某些地方，如書架和櫥櫃封起來，讓它們成為不能亂塞東西的禁區。這樣一來，就無法為了「眼不見，心不煩」而把東西塞進這些地方，那些不要的則會毫不猶豫地扔掉，這樣一來，所放東西的量就很容易減少了。

・**美觀**——當有一個很美觀的擺放位置時，整理會變成很有趣的一件事，建議大家擺放東西的地方可以使用標籤，雖然這只不過是動動筆，沒多大用處，而且可能更費事一些，但看起來更美觀，更顯得鄭重其事。

27、穿睡衣的「懶公主」

陳岑不知道這段時間去哪裡了，已經好久沒有出現過了。

今天莫西剛出門，就發現陳岑的門口站著一個女人，穿著睡衣，笑瞇瞇地望著她，莫西也禮貌地對她笑了笑。原來，當時莫西在公司玩命加班，陳岑沒來及和她告別，這個女人是莫西的新鄰居。莫西只是很納悶，現在是上午十點，這麼晚了，這個女人怎麼還穿著睡衣，一副睡眼惺忪的樣子？

看出莫西的疑惑，穿睡衣的女子歉意地笑笑，說自己剛睡醒，知道住隔壁的是女人就懶得換衣服了。莫西也對她笑笑表示理解，畢竟是難得的週末，難免懶散些。只是到後來相處的過程中莫西才發現錯了，這一切和週末沒有一點關係。

基督教的教義中說人有「七宗罪」——驕傲、嫉妒、暴怒、懶惰、貪婪、貪吃、淫慾，這也是很多作家、藝術家、哲學家、道德家所關注的主題。莫西一直認為自己沒有那樣的認識深度，單身在外，不過是普通的「上班族」、「居家族」、「窮忙族」，那些高深的教義和自己沾不上邊，也沒閒暇去思考。如今遇上了她，讓莫西對「七宗罪」之一的懶惰有了深刻的認識。

穿睡衣的女子在一家公司裡當文書工作，主要是整理公司的資料，寫寫資料什麼的，可以說是相當輕鬆的工作。但她還是一天到晚地抱怨太累了，害的她連多睡一會兒的時間都沒有；她經常買上一大堆的速食堆在床頭，餓了，不願起床，伸伸手就可以了，由於長期這樣，營養嚴重匱乏，整個人看起來病懨懨的，沒有一點活力；遇到地上的一個紙團，她會因為懶得彎腰，而視而不見；衣服髒了，往水洗店一扔，也往往因為懶得去拿，一個月只穿同一件衣服……

一次，莫西有點事，到了她的房間。一進門，一股怪味撲面而來，吃剩的泡麵、髒襪子、一些廢紙雜亂地佈滿地板，沙發堆滿了衣服，連坐的地方都沒有。穿睡衣的女子不好意思地笑笑，走到沙發前，把衣服往地上一扔，示意莫西坐下。

她無比感慨地對莫西說，剛開始，她想找一個有能力的男人養活自己，這樣自己就不會這麼累了，但是不知怎麼的，很多男士和她交往一段時間後都離她而去。而自己也工作這麼久了，一點晉升的跡象都沒有，覺得活得很失敗。如今，她都快三十的人了，依舊無依無靠，心裡很不是滋味，難道自己這一生就這樣悽悽慘慘地過去嗎？

莫西安慰她，讓她改變一下自己對生活的態度，也許一切都會變的。不過，莫西也從她身上看到了自己的影子，經常像她一樣懶得整理屋子，懶得裝扮自己，只不過是舉手之勞的一件小事，懶得動彈，一拖再拖；應該做的事情，懶得行動，盡可能逃避，到最後苦不堪言……特別是週末不出門的時候，房間和自己都是慘不忍睹。

「哎，人啊，天生就是懶。」穿睡衣的女子嘆了口氣對莫西說，「我怕這一輩子是改不了啦！」

莫西笑著說：「沒那麼嚴重了，不過現實中很多美眉都很懶惰，盡可能地逃避工作，能舒服一分鐘是一分鐘，不是想著在這短短的一生中怎麼樣才可以多做一些事，讓自己活得更有價值，而是天天想著該怎麼樣才可以多睡一會兒，多休息一會兒。就算有一部分人有著宏大的目標，也不過是『雄心萬丈，躺在床上』，懷著無比的幽怨，眼睜睜地看著時光的流逝和自己的一事無成。我們可不能成為這種人哦！」

莫西一直都認為女人天生慵懶，但是很多人把懶惰當成了慵懶，那可是對慵懶天大的誤解。慵懶是心境、形態，可以使女人更加嫵媚、性感，而懶惰會吞噬女人的心靈，讓女人邋遢、粗俗。現實中，沒有一個懶惰的女人是受人歡迎的，大家避之唯恐不及，於是真正上演了「女人是老虎」的悲劇，莫西可不想成為該劇的主角。

拒絕懶惰攻略

- **記事**——想要拒絕懶惰，可以使用記事本，把要做的事情記下來，註明一定要去完成。用這樣的記事本來時刻的提醒自己，激勵自己；或者在房間自己可以看到的地方黏貼小紙條，時時刻刻提醒自己。
- **效率**——懶惰的人最好不要在家裡工作。在家裡，總是很容易受到干擾，也總是很容易使自己放鬆，比如見了床就想躺，見了電腦就想玩，這樣原本自制力就差的你，會放縱自己的懶，往往一事無成。
- **提早**——任何事情要盡早開始做。很多人當他意識到時間不夠去完成一件事時，乾脆把一整天都一筆勾銷，什麼也不幹，這無疑是在縱容自己的惰性，解決的辦法就是要養成及早開始的習慣。
- **「鏡子」**——這個叫「厭惡」療法：做一個小丑放在自己的書桌上，每發現自己有懶惰的心理或行為時，就在小丑的臉上添上一筆，或塗上顏色，久而久之看著它醜陋的樣子，就會提醒自己改掉懶惰的惡習。

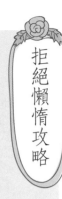

28、抽抽喝喝什麼時候是盡頭

不知最近小米哪根神經不對，經常有事沒事邀請莫西去酒吧喝酒聊天，一副寂寞小女人的姿態。連去了幾個晚上，莫西天天頂著黑眼圈上班，可真是有點受不了了。

這天剛下班，小米又打電話過來了，讓莫西一個頭兩個大，接吧，自己真不想去了；不接吧，小米那敏感的小女人不知會怎麼想自己，真是左右為難。

見到莫西痛苦的樣子，錢莉莉路過時問道：「怎麼電話都不接，還一臉的苦瓜相？」

「是小米的電話。」

「顧小北的女朋友？」

「是的。」

「挺可愛的一個小姑娘，對顧小北又是那麼死心塌地的。」

「她約我去喝酒。」

「那就去啊！」

「妳沒看到我這幾天的黑眼圈嗎？再去我可受不了。」

錢莉莉笑道：「正好晚上我也沒事，一起去，我也好久沒出去玩了。」

聽見錢莉莉要去，莫西只好接了小米的電話，約好了時間和地點。

來到酒吧，小米已經選好了位置，莫西和錢莉莉走過去坐下。

小米遞過一根菸給莫西和錢莉莉。莫西笑著搖了搖頭，回絕了，錢莉莉倒是非常優雅地接了過來點上，慢悠悠地說道：「香菸香嗎？吸進去的是寂寞，吐出的是心酸。美酒美嗎？嚥下的是苦水，道出的是心碎。」

「莉莉姐說的好，來我們乾了這杯！」小米說道。

莫西皺了皺眉頭：「小米，我們已經連續喝了這麼多天，今天是不是不喝酒了。」

「別，莫西姐，喝酒可是人生一大樂事，我們今天要一醉方休！」

沒辦法，莫西只好和她們把這杯酒乾了。

小米喝完酒後，醉眼朦朧地望著錢莉莉和莫西，問道：「妳們說，男人們都喜歡什麼樣的女人？我對顧小北死心塌地，為什麼這麼長時間了，只是和我上床，不跟我求婚，難道我小米配不上他？」

「他不向妳求婚是他沒眼光，沒那福份。」莫西安慰小米說。

「莫西姐，妳就別安慰我了。對了，莉莉姐，妳說男人都喜歡什麼樣的女人？抽菸、喝酒的喜歡嗎？」

錢莉莉說：「抽菸的女人大多數為的是一個撩嬈的姿態，只要女人一拿起菸酒相當於證明自己不是那種簡簡單單、青澀懵懂的女孩子，是有故事的人，也許還有著一肚子的滄桑。當然，抽菸的女人給人感覺比較安靜，需要一個安靜的環境來舔舐曾經的傷口，而這種安靜對男人往往有著致命的吸引力。用一句通俗而顯低俗的話來說：喜歡抽菸女人的男人，通常喜歡悶騷型女人，想要誘惑這種男人，最好的辦法就是把嘴巴閉上安靜點，透過繚繞的煙霧與男人無限幽怨的對望。如果妳做到了，那麼 OK，這個男人歸妳了。」

「高見，高見！」小米佩服的五體投地。

錢莉莉接著說：「喝酒的女人比較容易讓人聯想到古裝片裡行走江湖快意恩仇的女俠，雖然瀟灑但是難以讓男人生出憐愛之情，特別是面對一個比自己能喝酒的女人，男人再強也會洩氣。所以，女人要懂得控制自己的酒量，面對自己心愛的男人的時候，不時裝醉才是上策，讓他送自己回家，第二天醒來還不要忘記嬌羞地對他表示感謝，我保證一定會讓男人心疼到不行。」

「沒想到這裡面有這麼多學問。」小米說，「我每次喝酒都超級男人婆，怪不得顧小北不喜歡我。」

莫西愛憐地摟著小米說：「我看妳真該控制一下，每天這樣喝酒、抽菸，誰受得了。更別說那個顧小北了，別看他表面挺時尚開放，骨子保守的很，他追求的可是傳統美女，像妳這樣可是會嚇到他的。再說，這樣的生活方式對健康也不好。」

「為了顧小北，以後我改。」小米乖巧地點點頭。

有一項調查顯示，單身男女「過勞死」的機率比已婚人士高。莫西曾認真思索過這個問題，她發現，這跟單身男女的不良生活習慣有關，比如抽菸、喝酒、吃垃圾食品……如果能處理好這些問題，適當地加以節制，大可以在「單身樂園」健康地多玩幾年。

抽菸、喝酒節制攻略

・**認識**——抽菸、喝酒看似瀟灑，但是如果不加節制，鐵打的人也熬不住。很多人選擇單身，為的就是有一個自由、高品質的生活，如果身體健康不能維持，如何去實現自己的追求，如何保持自己生活的高品質？

- **節制**——平時要注意控制自己的菸量和酒量，自己一個人的時候不抽不喝是不可能的，但能少抽少喝就盡量節制，健康自己也健康自己的環境；另外，單身男女身為「都市冒險家」，流連聲色場所在所難免，在場面上的時候，不要太「豪氣萬丈」一口就把酒喝了，小口喝酒，小聲說話，低調而優雅，這才是真正的高品質。
- **外衍**——很多單身男女之所以會沉迷菸酒，很大程度上是出於空虛、寂寞，而旅行、繪畫……這些都是當今都市男女追求的時尚運動，既健康又有品味，當你醉心於一件事情的時候便不會空虛寂寞，有助於把你的注意力從抽菸、喝酒上頭轉移，自然而然也就讓你少抽菸、少喝酒了。

Chapter 5

一個人的戀愛秘笈

29、「男人婆」相親記

一千個單身的人會有一千個單身的理由，也都有一個不想單身的理由。對莫西來說，單身就是自由、瀟灑、自在，她很享受這樣的單身生活。但是莫父莫母眼見著莫西一天一天步入「剩女（註6）」行列，實在是著急，早就背著莫西收集各種單身男士的資訊，就等著她這次休假回來相親了。

說到相親，莫西就抓狂，大學一畢業就被爸媽逼回臺灣加入相親的行列。顧小北曾一臉壞笑地調侃她說：「我保證，像妳這麼不溫柔的，比男人還男人的『男人婆』肯定沒有男人敢要妳的。」

莫西還記得，當時舅媽介紹了一個國中老師，那是她第一次相親，抱著好玩的態度，她去約會了，結果驚恐地發現，二十七歲的男老師，居然長得像大叔，莫西毫不猶豫地將他PASS掉了。那時候的莫西，還是剛畢業的黃毛丫頭，大把青春在手，根本沒有意識到相親這麼老土的儀式居然在今後的幾年中成為了自己戀愛的主旋律。

這次聽說莫西要回臺灣，莫父莫母早已安排好了關於相親的一系列事宜，顧小北更是落井下石地說：「要死啦，以前的教訓那麼慘痛，妳真是勇氣可嘉！」莫西只能送他好幾個白眼。不過這次回家，莫西還真的又高興又惆悵，高興的是工作這麼久了，老闆終於善心大發給她放了長假，可以好好休息一段時間，惆悵的是面對輪番上演的相親大戰，真是有苦說不出。

當莫西拎著大包小包出現在家門口的時候，老媽高興得一把抱住了她。但是進到屋裡，談話還沒進行三分鐘就扯到相親的話題上了。

媽媽憂心忡忡地說道：「妳現在都二十七歲了，還沒有結婚，妳不愁我們還愁，我可不希望妳成為爛在自家院子裡的菜。」

「哦，原來我在家裡就是一棵菜的位置啊！」莫西不滿地說道。

「我這是打比喻。」

「有這樣打比喻的嗎？」莫西翻了個白眼。

「我不管，這次回來我和妳爸物色的幾個小夥子都挺不錯的，妳必須給我好好相處。真不明白北京有什麼好的，離我們這麼遠不說，連男朋友都交不到。」

「好好，我去相親。」莫西不想繼續這個話題，只能應付地說道。

雖然被逼著去相親，但是出於女人的虛榮心，莫西還是非常仔細地把自己打扮了一番，並準備了一些相親攻略，她要讓那些男人見了自己個個都垂涎三尺。不過莫西還是低估了爸媽的決心，這次與大學剛畢業那時的牛刀小試不同，相親真如洪水猛獸撲面而來，真有點讓她應接不暇。莫父莫母更是每天一臉的滯銷表情，七大姑八大姨也紛紛上場，各路人馬大顯神通，莫西這幾天就像陀螺一樣旋轉，短短三天時間，她就見了五個單身男士了。

其實，相親很多都是千篇一律的故事，有點期待又貌似平靜的兩個男女，從互不相干的環境中，為了結婚這個同一個目標，約定一個地方坐在一起，然後在見面的前五秒基本上就是確定了對方是不是自己想繼續交往的人。女人是標準的感覺動物，不可能因為男人家財萬貫就對其一往情深，而男人則是標準的視覺動物，如果映入眼簾的女人不是秀色可餐往往也成為不了自己的菜。不可否認的一點，相親雖然是最簡便的認識異性的管道，卻是最難成功的交往方式。因為兩個人都是抱著「也許我見到的，將是和我生活一輩子的人」這個觀點來的，往往會對對方橫挑鼻子豎挑眼。要知道現實生活裡，結交最普通的朋友，我們不會介意對方的肚子有點突出，腦瓜有點禿頂，但是要做為結婚對象的候選人，這些細節往往發揮了決定性的作用，車子、房子，有時候還排在後面（當然拜金女不算，主要莫西沒有達到一切向錢看的境界，也猜不透她們的想法）。

這三天的相親，有一個男人給莫西留下的印象不錯，可惜她心裡已經有劉浩然了。

相親攻略

• **定位**——相親的人都要對自己有一個清醒的認識，明白自己的條件處於一個什麼層次，從而想好什麼條件的人和自己配得上，以防高攀不上或者是看不上對方。不要奢望自己「賣油郎獨佔花魁」，能有這種天上掉餡餅的事，你還用得著相親嗎？

• **要求**——除了清醒地認識自己，你還要明白自己想找什麼樣的，要有自己的擇偶底線和自己最低的要求。當然要求既不能太多，也不能太少，提出兩三條要求算是比較合理的。

• **心態**——對相親新手來說，不要把相親看得太鄭重其事，就如同不要把愛情看得太重要一樣，否則你極有可能在相親後有上當受騙的感覺。

• **選擇**——不要一有人提親，無論對方條件如何就高興地跑過去，相親要有所選擇，有所取捨。

註6：剩女：指擁有高學歷、高智商、高收入，卻因自我形象及擇偶要求過高，雖已超過適婚年齡而仍未成家的單身女性。常見於已開發國家或開發中國家都市化程度較高的地區。

30、我也戀愛啦

相親的輪番轟炸，讓莫西在家裡沒等到假期結束便逃也似地回到了北京。

這次回到公司，莫西發現劉浩然對自己莫名地關心起來，上班時間經常在網路上給她留言，囑咐她一定要注意勞逸結合；前一段時間劉浩然生病了，莫西給他送了一次藥，他給莫西發訊息說：「如果妳做了我的女朋友，我一定很幸福的。」下雨了，劉浩然會給莫西發訊息：「剛才的雨下的很大，我在想妳會不會害怕……」一起出去吃飯的時候，莫西擔心被公司的人看到，劉浩然便開玩笑地說，如果被看到了他就和同事說我們要回家……

透過這段時間的「親密接觸」，莫西發現劉浩然是個知識淵博的人，沒有一般男人自詡學識頗高的自負，也不失成熟男人的優雅大方，相貌也比較養眼。而這一段時間，莫西就像處在蜜罐中，心想被人呵護關愛的感覺還挺不錯的，公司裡也到處流傳著關於兩人戀愛的傳說。

「莫西姐，妳和劉浩然是不是戀愛了？」好八卦的孫志明溜進莫西的辦公室問道。

莫西白了孫志明一眼，說：「不好好工作，一天到晚怎麼總喜歡打聽這些有的沒的！」

「我就想不明白了，妳怎麼就看上劉浩然那小子了？」

「去，去！什麼亂七八糟的，我和劉浩然只是同事關係，明白嗎？同事！」

「有這麼曖昧的同事？」

「滾，你要沒事趕緊給我滾……」

「不敢，不敢，我這就工作去。」

……

看到這段時間莫西紅光滿面的，顧小北也發現了不對，嗲聲嗲氣地問莫西：「要死啦，妳是不是戀愛了？」

「沒有啦，他還沒和我表白，只能說我們的關係現在比較曖昧啦！」

「當男人和女人之間不談什麼愛與不愛，感性與理性也就失去了意義。見面了，品酒、聆聽、聊天，或天、或地、或嚴肅、或風情，簡簡單單，輕輕鬆鬆，這也是一種美好的平衡，這樣就很好啦！」

「哇！」莫西感嘆道，「你什麼時候變成情感大師啦？那你說說你和小米打算怎麼辦？」

一提到小米，顧小北連連搖頭：「要死啦，別和我提她，簡直是大魔頭，太可怕了。我要是娶了這麼一個女人，以後我還有安生日子過嗎？」

「我覺得小米挺好的，對你死心塌地……」

「別和我提她，煩著呢！再說，我一個人過慣了，身邊有一個小尾巴還真不習慣。我還真羨慕你們這種曖昧的狀態，輕輕鬆鬆，想抽身了便可以抽身。」

經顧小北這麼一說，似乎和喜歡的人曖昧也挺好的。對莫西而言，可以說曖昧是華麗的成人遊戲，需要技法，需要攻略，也需要曖昧的語言——這會讓愛的過程變得更加曲折有趣。

曖昧就是本來兩個互不相干的人，因為看了對方一眼，慢慢停下來，然後相向而行；曖昧就是兩個人明明都有感覺，就是誰也不先說出來。

只是，莫西自己還沒做好戀愛的準備，她現在很享受和劉浩然的這種狀態，也很享受自己的單身生活。

應對曖昧攻略

・**態度**——如果對方和你玩曖昧，你千萬別當真，如果對方是真的喜歡你，從眼睛裡就能看出來。

・**真假**——兩個曖昧的人相處久了就會產生慣性，甚至產生感情，比如，一個人每天早晨都給你買牛奶、麵包，過幾週後突然不買了，你肯定接受不了。這是非常正常的一個心理現象。所以，當你習慣了對方天天圍繞在你周圍，突然遠離你之後，你開始惦記對方了，也別相信你是真的喜歡對方，這只是一個慣性作用而已。

・**良知**——人可以賤，但不要做賤中賤。你要對得起自己的良心，不要用曖昧來玩弄別人的感情。

・**自愛**——要自重，別拿貌美與型男當資本，終有一天，這個資本不再屬於你。

31、同居？NO，NO，NO！

「莫西姐，明天有時間嗎？幫我搬家。」小米打電話給莫西。

「搬家？」莫西非常疑惑，「妳一個人住的好好的，怎麼要搬家？搬到哪裡？」

「搬到顧小北家裡，那小子色心太重，我得看著他。」

「妳要和他同居？」

「是的。」

聽到這個消息，莫西立刻就想到了顧小北的生活有了小米後的一臉苦瓜相，於是幸災樂禍地說：「妳做的對，我非常支持，明天我過去幫妳忙。」

第二天，當莫西和小米拎著大包小包出現在顧小北的小窩時，顧小北的臉都綠了：「要死啦，妳們怎麼一聲招呼都不和我打就把東西搬過來了？」

「和你說了，你能同意？」小米說。

「妳看妳也隔三差五地來我這裡，這樣不是挺好的嗎？幹嘛要費事搬過來呢？」

「為了更好地照顧你，當然也為了省房租啦！」

「照顧我？還不知道誰照顧誰呢！」

「那你照顧我也是應該的，我是女人。」小米理直氣壯地說：「你看，我都到了這把年紀，如果還繼續單身生活，再過幾年，我就會變得愁苦不堪，生不如死。而且，我酗酒會越來越凶，還會抽大麻，極有可能會早早走進墳墓……我得找個人看著我，這個人非你莫屬。」

顧小北見木已成舟也懶得和小米狡辯，只能默默忍受她的不約而至，正式拉開同居生活的帷幕。

每天上班前，顧小北都要早起買來早點和小米共用，吃過飯，小米化好粧穿著拖鞋走出來站在客廳等著顧小北給她拿來皮鞋幫她換上，然後兩個人牽手一起上班。下班之後，小米有逛街的習慣，顧小北則直接買菜回家。當小米進屋的時候，如果顧小北已經把飯菜做好，兩人就在客廳裡有說有笑共進晚餐；如果顧小北還沒把飯菜做好，小米就生氣地嘟囔一句「我最討厭做飯菜的聲音了。」一臉的不高興。

顧小北嘴上說著「很快就好！」手上加快了速度，轉眼之間，飯菜齊備，碗筷子也擺到了桌子上。晚上，小米說看什麼電影就得看什麼電影，小米說幾點睡覺就得幾點睡覺，顧小北完全沒有自主權。因為工作的需要，顧小北免不了要有一些應酬，吃飯倒無所謂，去卡拉OK，小米非得奉陪不可。每次去歌廳，別人找陪唱的，顧小北都是由小米陪著，這倒為公司省了不少招待費。

一天，莫西和顧小北、小米逛街，遇到了錢莉莉。錢莉莉問顧小北：「昨天晚上我看見你在酒吧，和你打招呼你沒聽到嗎？」

小米聽了臉色一變，質問顧小北：「昨天你去酒吧，回來怎麼沒告訴我？」顧小北趕緊解釋，但為時已晚，小米狠狠地瞪了他一眼，轉身就走。

「還不追上去！」莫西推了推顧小北。

「追什麼追，我受夠這種日子了，她離開了最好。上天啊，藉此機會還我單身日子吧！」

「你別得了便宜又賣乖，有美女相伴的日子不正是你夢寐以求的嗎？」

「妳試試和小米同居，不出三天妳一定會瘋掉的，什麼都得聽她的，什麼都要按照她的標準，要不是我秉承著好男不和女鬥的高尚情懷，加上我顧小北有一顆強壯的心臟，怎能忍受小米這個媽媽桑！」

莫西連連搖手：「別，姑奶奶我可不受同居那份罪。相愛簡單，相處太難，愛情是一門學問，相處融洽，可以攜手到老，反之很可能會遺憾終生。現在我還沒準備充分，還是一個人生活比較好。」

戀愛相處攻略

- **尊重**——戀人相處，相互尊重很重要，不要以為你的男（女）朋友已經和你在一起，你就可以說話不經大腦，只為一吐為快。很多時候，同樣的一句話出現在戀人的口中，殺傷力往往更大。另外，戀愛雙方都有獨立的人格，要讓彼此擁有足夠的時間和空間呼吸獨屬於自己的新鮮空氣。
- **忍讓**——兩人相處難免會有摩擦，要學會包容、寬恕，不要得理不饒人。但是一味的遷就和忍讓，也會讓你失去自我，所以遷就和忍讓都該有個限度。
- **溝通**——戀愛時多理解對方的觀點，參考對方的建議，適當做出自己的選擇。穿衣、打扮、為人處世莫不如此。
- **同居**——隨著戀愛的升溫，很多男女會選擇同居生活。同居後，心上人的優點與不足都會表現出來，我們更應該做好以上的尊重、忍讓和溝通，這樣愛情才會長久，不會夭折在磨合期。

32、想走就走，掌控風月場

出於好奇，一次在酒吧裡，莫西悄悄問錢莉莉：「莉莉姐，妳到底有幾個男朋友？」

錢莉莉優雅地吐出一口煙，慢悠悠地說道：「男人嘛，對我而言多多益善。」

「腳踏多隻船，小心翻船哦！」

「不會，我交往的這些男人都在不同的圈子，不會撞在一起的，再說，我和他們不談感情，很多時候不過是彼此陪伴一下罷了。不過，我倒是遇到很多女人，希望自己身邊男人越多越好。她們要的只是被男人圍著轉，至於是什麼樣的男人倒是其次了，這樣她們會覺得自己有魅力。」

說到這裡，錢莉莉談起她的大學知心好友安娜。安娜很妖媚，絕對是男人眼中尤物級別的女子，而她也是手段高明，玩弄男人於股掌之中。每次她見到錢莉莉總是一臉誇張地問道：「親愛的，妳手裡有新貨嗎？我最近好可憐，一個都沒有哦！」她把男人如此物化的結果就是從此她身邊的男人變成可量化、可互換、可無限增值、也可一夜暴跌的資源。直到有一天，安娜前院著火後院水災，平日裡得意慣了的她最後苦笑著對錢莉莉說：「關鍵時刻，男人真沒一個好東西！」

錢莉莉覺得她不懂，之所以「男人不是好東西」，是因為她把他們都當成了「東西」。世界給了她女人最好的東西——美貌和才華，就算男人是「東西」，她也應該學會「自助餐精神」，吃多少拿多少，別浪費，既然自己用不上，那就給這些男人一個市場流通的機會。這就好比自己的一個舊家具不要了，轉手給收廢家具的，這樣不僅給自己騰出了好大一個空間，而且還讓那些買了舊家具的人像撿到便宜一樣沾沾自喜。

該愛誰愛誰去，該娶誰娶誰去，錢莉莉從來不讓那些男人干涉她的這種自由。

講到這裡，錢莉莉對莫西說：「與其費力氣儲備一些隨時會跑的雄性物種，不如讓自己有雙隱形的翅膀，想飛哪裡就飛哪裡，想飛多高就飛多高，不想飛時誰也管不著。」

聽到這樣的話，莫西大為折服，無比欽佩地說道：「如果哪一天我也能像妳這樣瀟灑就好了！」

「傻丫頭，妳和我可不一樣。每個人都有自己的活法，不要去羨慕他人也別效仿他人，到時弄成了東施效顰可就不妙了。」

「是，我知道啦！」

「妳可別學習當下那些單身男女給自己弄一大堆後備資源，要知道，這個年月誰都不是吃素的，妳以為那些圍著妳轉的還是梁山伯祝英台時期的嗎？再忠誠的蜜蜂也是圍著有蜜的花飛，倘若發現自己飛了半天無蜜可採掉頭便走。再說，忙於奔命的妳有那麼多的空間、時間留給妳的後備資源嗎？還有防腐、防潮、防碎等一系列不定期的保養措施，妳能處理得過來嗎？當然，更別學一些女人，傻傻地把愛情當成自己人生的全部，為愛情要死要活的。愛情是場戰役，要讓自己進可攻退可守。」

「莉莉姐的話真是讓人醍醐灌頂，今天我算是學到『情場』秘笈了。」莫西一臉真誠地說道。

關於她和劉浩然，莫西一直猶豫要不要把兩人的關係說開，可是說開的話，自己還沒有做好戀愛的準備。莫西有一點小小的私心，就是希望自己成為男人眼中魅力十足的單身妙齡女郎，也像莉莉姐一樣在風月場上風情萬種，想走就走想來就來。

情場攻略

・**品味**——真正的情場高手都很注重品味，品味可以說是立足情場的資本。品味不僅表現在外表上，還展現在個人素質和修養上。有品味的人機智幽默，沉穩而不失風度，能在一瞬間洞察對方的心事，能把對方的靈魂勾出來和對方一起交流，能把對方沉睡的情感喚醒，顯示了一種獨有的魅力，折射出自己的本色和光芒。想要在情場中如魚得水，需要你用閱歷磨練自己，用知識豐富自己，從工作中尋求責任，從堅定中走向成熟。

・**風流**——風流並不是一個貶義詞，真正風流的人往往在情場上並不張揚，他們喜歡不露聲色地觀察目標。這種人看起來很自然，彷彿很透明，同時能洞察對方微妙的情緒變化，遇到對的人時，能在瞬間製造瘋狂和浪漫。可以說，風流的最高境界是一種與自然合拍的完美節奏。

・**女人**——這裡要特別提到女人，據統計，只有不到百分之五的中國女孩能算得上很瞭解男人，大多數可以說是茫然無知，或者錯的離譜。原因在於：一、與男人實際接觸太少；二、受到的誤導太多；三、不喜歡理性思考，只是從有限的經驗中得出錯誤的結論。

現實生活中，很多女人總是受小說、電影中的那些「女性童話故事」誤導（之所以稱之為女性童話，是因為這類小說、影視劇中的男主角形象是按照女性需求特意設計出來的，男主角往往英俊、多金、專一，而且有大把的時間做出種種超浪漫的舉動，去追求一個條件並不出眾的女孩。而這些嚴重違背了男人的本性），當她們遇到一個條件般配的誠實追求者時，往往會很不滿意（經驗豐富的騙子，才會把自己偽裝成女孩們心目中的理想人選）。結果是，好女孩看不上不善偽裝的好男人，大多被花言巧語的騙子騙到手。

33、單身「周旋術」

今天是錢莉莉的生日，各路神仙聚集在錢莉莉的住所為她慶祝，莫西、顧小北和小米當然不能缺席。

派對上，錢莉莉手持一高腳杯紅酒，淺斟慢飲，屋裡偶爾流過的彩燈，滑過她秋水般的姿容，眸子裡永遠蘊含著一泓醉意，低頭淺淺的一笑，或嘴角輕輕地一努，或眼神迷離的注視，讓屋裡的男人個個神魂顛倒。

正所謂「窈窕淑女君子好逑」，顧小北此刻也是心蕩神馳。

羨慕嫉妒恨的小米對身邊的顧小北說：「我真是後悔，為了你這一棵樹錯過了整片森林。」

「要死啦，妳今天要感謝有我這個護花使者，要不然非得被那些狂蜂浪蝶給煩死。」

當然，屋裡除了錢莉莉，莫西在其中也是美女一個，身邊也聚集了一些仰慕她的男人。

莫西透過前一段時間和錢莉莉廝混，耳濡目染，雖說比不上錢莉莉的風情萬種，也算是小有姿色，嫵媚動人。只見她端著一杯酒，像電影中鍾愛蘭姆酒的海盜一樣瀟脫自由，談笑風生。她一直記著錢莉莉的話「不要認為喝酒是男人的專利，身為女人的妳同樣也可以做到。而且，女人的輕柔會為如此的『英雄場面』注入一股柔和的氣息。」今天錢莉莉的這些話算是都被印證了。

莫西和其中幾個人很聊得來，這些人不是大公司的專案經理，就是自己創業的老闆，斯文體面，但是又不失男人的風度和風趣。莫西不得不佩服錢莉莉的人緣，也難怪她可以在職場和生活中如此如魚得水。

其中一個男人端著手中的 Rum 對莫西說：「有沒有體會到傑克船長喝 Rum 的感覺？」

莫西嫣然一笑，說道：「海盜喜歡喝 Rum，Rum 也叫海盜酒。無獨有偶，士兵也喜歡喝 Rum。有這樣一位營長，名字叫維克托奧德倫。他是一個清教傳教士的兒子，信奉禁酒主義，不給士兵分發 Rum，因此，在部隊裡被士兵稱為『老酸驢』。後來，他的上司撤銷了他的軍職。戰場上的士兵是少不了 Rum 的。當發現一個士兵還活著時，他的傷口立即被包紮起來，然後給他灌 Rum，如果他能挺過來就立刻送他去做手術。如果沒有麻醉條件，那麼取而代之的麻醉劑仍是 Rum。有一個士兵回憶道『一小杯朗姆酒將傷患從疾病或者死神手中救過來，這已經不是一次兩次了。許多以前從未喝過酒的禁酒主義者也在法國戰場上飲下了此生第一口酒，並不是因為他想喝，而是他不得不喝。』喝 Rum，不單是欣賞它獨特的口味，更是對它背後故事的回憶和其勇敢精神的一次膜拜。」

聽完莫西的話，身邊的男人都驚訝於她的博學和思想的獨特。接下來，這些仰慕者一次又一次沉浸在莫西溫柔的聲音中，被她牽引被她吸引，覺得她是那麼的獨一無二。

派對結束，回來的路上小米好奇地拉著莫西問道：「莫西姐，今晚有幾個男人向妳要電話了？」

「一、二、三……」莫西誇張地用手指計數，「哇，數不過來了！」

「我今天算是倒楣透了，居然帶著顧小北這個小尾巴，要不然那些男人肯定都圍著我轉。」

「要死啦，妳怎麼不說我虧了呢？」顧小北不服氣地說道，「要不是有妳在身邊，以我的玉樹臨風，會有多少美女圍過來。還是單身好，路邊野花隨便採！」

「你敢！」小米瞪了顧小北一眼。

見到母老虎發威，顧小北當場服軟：「不敢，不敢！莫西，那些人如果真的都給妳打電話了，妳打算如何應對？」

「見見面，吃吃飯，還能怎麼應對！再說多接觸這些人對我今後在北京的發展可是非常有益的哦！」莫西說道。

「機會主義者。」顧小北不屑地說道。

「你這是嫉妒，看著吧！我莫西要『君臨北京』！」

異性周旋攻略

- **話題**——與異性周旋，想要給對方留下好印象，找對話題就很重要了。話題要有趣、時尚、輕鬆、如果你找不到這類的話題，可以談自己的興趣所在，比如談你對文學、藝術的看法，或談時下流行的運動、物品。
- **神態**——無論是說話的語調還是動作，都要輕柔。試想一下，你端著酒杯，像一泓清水環繞著與你談話的人，他是一種怎樣美妙的感受，你向他展示的不單單是柔情，更是一種體貼和風情。
- **反應**——留心對方的反應。你談話時，注意身邊人的反應，要知道什麼時候繼續，什麼時候停止。當他表現出不耐煩和厭倦情緒時，暗示你應當盡快停止談話；當他對你所談的內容感興趣時，就會露出滿意的神色，這是暗示你繼續你的談話。同時，要善於傾聽，使對方感覺到你對他的談話感興趣，以及對他的尊重。
- **自重**——與異性相處，一定要懂得自愛，不能表現的太膚淺，更不能表現的太輕佻。

34、怎麼辦？到處都是心儀的男人

總有那麼一種女人，身邊總是有三個以上的男人圍著自己轉，要不然就特別沒有安全感。這與球場上的替補隊員還不一樣，替補是以防萬一，可是異性對很多人來說，更像是銀行裡的存款，多一個的時候不嫌多，少一個就心疼。

莫西自然不是這樣的人，但是綜合考慮到自己的前途和發展空間，加上這又是男人佔優勢的社會環境，人脈問題她還是要非常注重的。獨自奮鬥在北京，能多認識一個精英便多認識一個。上次錢莉莉的生日派對可是給了莫西認識這些精英的一個平臺，其中幾個派對結束後，還真的聯繫了莫西，莫西對他們的印象非常不錯。

因為這段時間莫西忙於應酬這些精英人士，讓顧小北頗有微詞。

在莫西來到顧小北的住處時，他沒好氣的說道：「呦，我的大小姐這麼忙，怎麼還有時間光臨寒舍呢？」

「要死啦，這樣說我。」

「我一直以為只有男人會花心，沒想到妳這個表面看起來挺端莊的小姑娘，也是包藏色心啊！」

「什麼色心，說的這麼難聽，我多認識一些朋友你吃醋了？」

「要死啦，我有那麼小氣嗎？我顧小北何許人，宰相肚裡能撐船。」

「還別說，那些男人值得我去交往。」

……

「你們說什麼呢？說的這麼熱鬧！」小米嘴裡邊吃著東西邊問。

「說一個花癡大色女。」顧小北回答道。

莫西急忙狡辯道：「什麼花癡大色女，別說的那麼難聽好不好，不過遇到了幾個比較心儀的男人罷了。」

「莫西姐，妳移情別戀啦？那個，那個劉浩然妳不要了？」小米緊張地說道。

「沒有啦，再說，我和劉浩然並沒有正式戀愛。我一單身妙齡女郎接觸一些傑出人士也是很正常的。」

「正常，正常。」小米連連點頭，「莫西姐，給我也介紹一個哦！」

「要死啦，小米，妳把我當空氣啊！」顧小北大叫了起來。

「莫西姐，我們別理他這種外來生物。」小米拉著莫西坐下，「妳有沒有發現，當女人面對喜歡的男人時，她的舉止言談都會發生不一樣的變化，無論講話還是做事，都會帶著一種目的性，任何一個舉動都會透露出極大的資訊。」

「有嗎？」莫西很不以為然。

「妳別不信，當大多數女人在面對心儀男人的時候，臉部多數都會帶著微笑，談吐之間把聲音發的很細、很柔和，盡力展現自己溫柔的一面，舉止也會表現的十分優雅。當離開這個男人之後，妳的心思會不時地跳向這個男人，妳會想方設法去接近或者製造各種機會來使你們的相聚變得自然順暢。莫西姐，妳是不是這樣？」

「哪有。」莫西臉一紅說道。

小米天性直率，接著說：「莫西姐，妳臉紅什麼，女人有這種心態很正常啦！想當初沒遇到小北的時候，我對好幾個男人都有好感呢！男女都一樣，不論從心理還是生理，人類都存在這種異性吸引的天性，好奇、接近、接觸、相愛，這一過程無非就是一個戀愛過程。不過，面對心儀男人的時候，妳越是想盡力表現好，越是容易出現紕漏，還不如表現真實的自我，也許真性情的妳更是男人喜歡的類型。」

不可否認，小米的話還是有一定道理的。

這幾次相處下來，莫西感覺有幾個還是非常不錯的，她喜歡和他們聊天，每次見完面她總會在內心暗暗期待下一次的見面，甚至她還慶幸自己沒有和劉浩然正式確定戀愛關係。莫西心裡清楚，一個「有夫之婦」和一個妙齡女郎之間的差距有多大，只要是被打上「已婚」或「戀愛進行時」的標籤，對妳再有好感的異性也會望而卻步，除非是那種打歪主意的色狼（這種人莫西是不會理會的）。

異性友誼攻略

- **好感**——這個社會，男女接觸已不是什麼不道德的事，如果和你聊天、交往的異性不錯，有學識、有涵養，似乎還讓你有點意亂情迷了，這時你千萬要用理智來認清對方的人品。如果確定對方是「正人君子」，而不是想和你搞曖昧，則繼續這份友情。
- **討厭**——如果相處一段時間，發現對方是你不喜歡的或者是對你有什麼不良企圖，或者談話的時候冒犯了你，還一直打擾你，糾纏你，最好即時抽身，走為上策。
- **自保**——異性友情，距離很重要，如果對方提出送你回家，要當場拒絕，你們只是朋友關係，不要讓事情複雜化。如果你對對方實在有好感，可以將他的聯絡方式記下來，這樣交往的主動權就在你手中了。學會保護自己最為重要，別把自己的身體做為交換的籌碼，記住：傾心交談但不一夜傾情。

35、奔前程，一心不二用

又到發薪水的日子了，公司一派喜氣洋洋，莫西帶領的這個部門由於這個月表現突出，老頑童大發慈悲，額外多賞了一筆錢。這些單身男女們徵得老頑童的同意，決定用這些錢在辦公室辦一個單身派對。孫志明最為積極，自告奮勇花了一晚上的時間設計了邀請卡，第二天一上班就發到公司其他部門的單身男女手裡。

看到邀請卡，銷售部的人差點笑噴，只見上面寫著：「各路孤魂野鬼，還在為沒有約會，沒有帥哥美女的週末而苦惱嗎？今天晚上，銷售部是收留你們的最佳場所，鮮花、美酒、點心、帥哥、美女一應俱全。銷售部的美男們及兩大美女熱烈歡迎你們的到來。」

「志明，挺有才的啊！」劉浩然伸出大拇指。

「不過今天晚上的派對可不歡迎你和莫西姐，你們已經被我們開除單身行列啦！」

聽到孫志明這麼說，莫西急忙辯解：「我們也是孤魂野鬼好不好。」

「本著慈悲為懷之心，給你們兩人單獨的相處空間，再說你們這般恩恩愛愛的，會刺激到我們這些準單身的人。」

「呦，準單身啦！」莫西輕蔑地笑了笑，「你這個小滑頭，我只是和劉浩然關係比較好點，你們可別亂想哦！」

「莫西姐，你們的關係明眼人都看在眼裡。我看你們都好成這樣了，乾脆在一起算了。」

「要死啦！」莫西竟然和劉浩然異口同聲。

「看看，都這麼有默契了。」孫志明說完，辦公室裡的其他人也跟著起鬨，讓莫西很不好意思。

「你長得也是一表人才，怎麼不找女朋友？」為了轉移話題，莫西問道。

孫志明撓撓腦袋說：「莫西姐，我這是一心一意打拼事業。再說，我這種離過婚的男人，深知圍城之苦，怎麼還會傻傻地再進去。」

「離過婚？」聽到孫志明爆的這個猛料，辦公室的人都驚掉了下巴。

原來大學期間孫志明交了一個女朋友，兩人一畢業就當了「畢婚族」，婚後在老家找了一分穩定的工作，生活簡單。當同事們忙著聚餐、郊遊、學習的時候，他所有的業餘時間都用在陪老婆看電視、逛街和整理家務上了。而生活的圈子除了公司的那些人便是自己的老婆，時間長了，自己漸漸感到乏味，而老婆則嫌棄他窩囊沒出息，不懂交際和應酬，不是做大事的人。時間久了，兩人爭吵不斷，矛盾升級，便順理成章地離婚了。離婚後，孫志明竟然有種如釋重負之感，打算重新開始生活，便辭掉了工作，一個人來到北京打拼。

孫志明說：「現在我那些已經成家立業的朋友們，每天都覺得時間不夠用，恨不得一小時當兩小時用，沒空做別的。而我不用把時間花在談戀愛或者維持一段感情上，專心自己的事業，追逐夢想，享受生活中最美好的東西。」

劉浩然很贊同地說道：「你說的有道理。不得不承認，戀愛或成家真的很分散精力，還會不斷縮小自己的交際範圍，對我們這種想要創事業的人來說還真不合適。所以，我會將單身進行到底。」

孫志明聽了搖搖頭：「別，你單身了，莫西姐怎麼辦？」

「滾，老娘也是單身主義者！」莫西吼道。

單身奮鬥攻略

- **優勢**——人的時間和精力是有限的，可以說單身讓你擁有更多屬於自己的時間、空間和自由，不會有人對你指手畫腳，完全實現「我的地盤我做主」的自由最大化，一心一意做著自己喜歡的或者追求的事業。

- **取捨**——愛情之所以能夠成為永恆的主題，自有它的美好之處。但是驚天動地的愛情在現實生活中畢竟是少數，無論自己有沒有愛情，都要讓自己耐得住寂寞，分得清輕重。如果你的愛情和你的人生追求衝突了，需要你做出選擇，那麼請遵從你的內心，選擇會讓自己快樂，會讓自己覺得真正有意義的，選擇好之後便義無反顧地為愛情或者為追求而奮鬥。
- **奮鬥**——選擇好了，就要義無反顧地行動。沒有一定的努力、堅持、付出，都稱不上是真正的奮鬥。

Chapter 6

錙銖必較的「理財貓」

36、天啊，這麼點薪水夠做什麼

和顧小北、小米廝混了大半個晚上，莫西睡在了顧小北屋子的沙發上。

「莫西姐，借點錢。」一大早小米就死皮賴臉地貼過來。

「要錢沒有，要命一條。」莫西蜷縮在沙發裡懶懶地說道。

「妳就行行好，可憐可憐我吧！」

「找顧小北去。」

「不行，前天我剛剛在他那裡拿了一些錢。」

「薪水不低，現在跟著顧小北，吃住都不用花錢了，還要借錢過日子，怎麼搞得呀！」

小米一臉無辜：「妳不知道，我已經很省啦！就說那個上班吧！換作以前我早搭計程車去了，現在至少得坐四十分鐘的公車，還得在車上享受人肉按摩。為了綠色北京，我現在出門能走路的就走路，搭計程車是小資生活，自己開車那是巴菲特幹的事……莫西姐，妳不知道，我現在過日子可節省啦！」

「還真沒看出來。」

「去年冬天以來，物價如芝麻開花節節高。雙職工家庭都是在勉強應付生活開支，更何況我這個單身弱女子，拿著微薄的收入，活生生地變成『半月愁』。」

「什麼『半月愁』，新名詞一套一套的，我看妳是半月抽，總要抽風那麼幾次。」

「『半月愁』：發薪水、獎金的前半月是貴族，剩下的半月成了貧民。」小米說，「莫西姐真不是我說，現在我們拿這點薪水真做不了什麼，我連一件像樣的衣服都不能買。妳看，我已經整整兩個月沒有給自己買新衣服了。」

「妳說的也有道理。」莫西說道。雖然莫西也拿著在別人眼中的高薪水，但是扣去房租、飯錢、交際費用，一個月下來也剩不了多少錢，工作到現在她的存款還沒超過六位數，小日子也算是過得緊。還好她是一介女流，出入很多場所不用自己掏腰包，要不然連給自己買衣服的錢都剩不下來。

「小米，我和妳說，對身家本來就不豐厚的單身男女來說，更要學會『算計』生活。」說完，莫西從包包裡掏出一個本子扔給小米。

小米拿起來一看，上面亂七八糟地寫著：XX歲，我要擁有一輛高級轎車；XX歲，在北京擁有自己的一套公寓；XX歲，自己出去創業……小米看的半點沒懂樣。

看著一臉懵懂的小米，莫西知道自己的這個人生規劃沒能啟發到這個小迷糊蟲，只好本著掃盲的悲壯神情說：「小米，想過以後自己擁有很多財富嗎？」

小米咯咯地笑了起來：「幻想過好幾次，有時想著想著，就笑了出來，常常把身邊的人嚇一大跳，以為我發神經。」

「就想想啊？」

「嗯，就想想。」

「不過妳確實也就只能想想，以妳現在的智商和花錢水準，想要富裕只能是幻想。」

「要不然怎麼樣？像我這種不將自己的靈魂出賣給金錢的年輕人已經不多了，我只知道自己要以健康的方式賺錢。賺錢的方式有很多，賺錢的目的也很多，可是健康快樂的賺錢，輕輕鬆鬆的賺錢，是不以賺錢為目的的賺錢！人之所以淪為金錢的奴隸，是因為人們在需要一千元時，可是運氣不好只賺了九百元，於是就為得不到的一百元而絞盡腦汁的自責、無奈、痛苦，與其這樣，倒不如好好洗個熱水澡，沖掉一身的疲憊，補上耗掉的能量，以便明天繼續的戰鬥。」

「妳每天不可能都需要那麼多錢，錢是賺出來的，同時也是省出來的。」莫西提醒說。現在的單身男女瀟灑慣了，能夠不隨大流，不入「拜金族」已經非常不錯了（在這樣的一個大環境中，要保持對金錢的清醒認識，是一件很難的事），但是能賺錢也能花錢，經常出現「半月愁」的生活狀態。自己辛辛苦苦打拼了多年，依然空空如也。當捉襟見肘時才意識到金錢的重要性，悔恨自己沒有早點醒悟，早做理財。

這點莫西早就看清楚了，她不崇拜金錢，但是也不會把錢當作身外物那般毫不重視。

金錢攻略

- **認識**——當你把追求金錢做為人生的最終目標時，甚至為錢犧牲所有的一切，這將是人生的不幸。當然也別把錢當作洪水猛獸，避之唯恐不及，這個社會很現實，健康、快樂、幸福、溫暖……人生真正貴重的東西都與錢有著密切的聯繫，因此，為了保障我們的幸福生活，要讓自己擁有一定的財富。
- **取財**——「君子愛財取之以道」，以正當的方法獲取所需的金錢，這也是一種幸福。
- **快樂**——人往往是基於對幸福生活的渴望去追求金錢的，如果金錢讓你不幸福了，不如毅然決然地放棄，重新開始新的追尋，不要讓金錢貽誤了自己的一生。

37、「月光」女爆發理財小宇宙

一次飯局中，大家談到愛好，顧小北說自己最喜歡的就是記帳時，眾人一片愕然，雖然在網路上記帳的人不算少數，但生活中喜歡記帳、樂於記帳的好像不算太多。

此言一出，引來大家一片驚呼。

小米第一個驚呼起來：「要死啦，顧小北你個大男人還計較這些。」

「妳們這些女人太生猛了，一點都沒有賢妻良母的樣子。如果我不記帳，以妳的花錢速度，我們早就喝西北風去了。」顧小北說。

顧小北讀大學的時候學的是會計專業，他原本非常不喜歡會計這個職業的，總覺得一說到會計就是戴著眼鏡，撥著算盤的老者形象。可是沒有辦法，別無選擇，他也只好不情願地去了學校。誰知真正開始學習這個專業，他發現原本很枯燥的數字居然有這麼多學問，漸漸地他就愛上了會計，不但喜歡學，而且在大學就開始了自己的記帳生涯，並把這個習慣保留到了現在。

他的記帳方式就是拿出一個本子，記一下開銷，沒有分類，到最後他會簡單彙總分析一下哪些是不該花的，哪些是必須花的，時時刻刻提醒自己。

關於顧小北的一切最熟悉的莫過於莫西，她拍拍小米的肩膀說：「小米，妳的小北子是很會過日子的人，非常注重理財，要不然他能在北京有房並小有積蓄？」

「小北，讓我看看你的記帳本。」小米說道。

沒想到顧小北還真將記帳本隨身攜帶，他從口袋將記帳本遞給小米，小米只見上面寫著：

衣：衣服費用忽略不計＋帽子費用忽略不計＋配飾物品費用忽略不計＝零元。

食：月開銷＝糙米ＸＸ元／斤，十二斤總計ＸＸ元＋蔬菜ＸＸ元／斤，二十斤總計ＸＸ元＋油鹽醬醋ＸＸ元＋水果ＸＸ元＝ＸＸＸ元。

住：自己的房子無需房租，水＋電＋煤氣＝ＸＸ元左右。

行：現在都提倡低碳生活，像我這種緊跟社會潮流的，堅決擁護低碳生活。上下班堅決步行，低碳環保還健康，省去了去健身房的費用，路上還能一路欣賞美景和美女。所以這個月開銷只是聚會搭計程車錢ＸＸ元。

樂：月開銷＝電話費XX元＋上網、有線電視費XX元＋聚餐費用XX元＝XX元（因小米這個小魔女的原因，本月超支XX元）。

當然除了這些，還有一些其他必要的開銷，例如牙膏、洗衣粉、洗潔精、洗髮水、香皂等，還會買上一兩張光碟片，買點零食，加了小米開銷增加一倍，平均到每個月增長至XX元。

「你個變態顧小北，居然記得這麼詳細！」小米看了不滿地嘟囔道。

顧小北白了小米一眼說道：「如果妳從未想過描繪自己一生的財富曲線並管理它，那麼可能的結果是：二十~三十歲賺錢少，還年輕，有父母資助，便認為沒必要理財，賺多少花多少，辛辛苦苦下來一無所有；三十~四十歲工作忙，買房、買車、結婚、生子，沒時間理財；四十~五十歲職場瓶頸出現、父母健康惡化、子女教育開支劇增，沒精力理財；五十歲以後縮衣節食，擔心生病，擔心通貨膨脹，擔心兒女不孝，這時理財為時已晚。事實上，也許僅是觀念的改變加一些簡單的技巧，就可以讓你畫出更好的人生財富曲線。」

顧小北的話讓莫西沉思起來：人生財富曲線，最簡單的理解就是在人生的不同階段，用收入減去支出後所形成的走勢圖。它記錄的是人一生財富的變化，其中，蘊含職業、生活的變遷。我們每天忙忙碌碌，在不停創造財富的同時，也在消耗自身所創造的財富。但是很少有人意識到，就是這樣自己在不經意間已然勾勒出一條人生財富曲線：或劇烈波動，或舒緩平坦，或意猶未盡，或已然成型。其實不管是「人死了，錢還在」，還是「人活著，錢沒了」，每個人都希望實現一生的富足與無憂，這正是管理人生財富曲線的意義所在。然而對於大多數的單身男女，儘管「你不理財，財不理你」的廣告語早已深入人心，可是在現實生活中，有錢無閒的理財「懶人」依然為數眾多。尤其是一些收入頗豐的「白骨精（註7）」，為了工作幾乎耗盡了心血，免不了抱怨「我哪有時間打理錢財呀？」

莫西不需要太多想像，就能描繪出大多數理財「懶人」的日常生活，因為她就是其中的典型：朝九晚五地上班，晚上還要健身、應酬朋友聚會，加班是家常便飯，難得有空閒的時間，每逢週末，還要收拾房間，參加各種圈子活動，生活僅剩一點培養自己愛好情趣的時間都沒有，更別說每天看看股市行情，或者研究市場上新出什麼理財產品了。

小米也是深有感觸，看來她這個「月光」女也要像顧小北一樣爆發自己的理財小宇宙了。

理財攻略

・**記帳**——記帳是理財的第一步。也許很多單身男女會說記不記帳反正都要花，不亂花就行了。但這裡要告訴你，絕對不一樣，心裡有數和心裡沒數是兩個概念，會導致行為上的差異。透過記帳，你可以知道自己一天、一個月甚至一年的花費，並做出一定的調整。

・**計畫**——做一個理財保險計畫，並不是要你花錢，而是為你制訂一個存款計畫，並約束你執行。你每年在銀行按時存入一筆錢，僅僅是要按計畫執行而已。理財不能等，投入越早，收益越多。

・**消費**——馬無夜草不肥，人無橫財不富，一定要兼職賺錢，不要挑三揀四。這年月到處都有需要幫助的生意人，兼職幫他們做點事情，一定可以增加自己的財富。你的衣服、鞋子，最好全部透過你兼職賺的錢去買，這可以當作獎勵自己的一種方式，讓你樂在其中。

註7：白骨精：在大陸地區意指白領階級、在公司骨幹層級的精英人士。

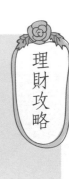

38、不做「儲蓄控」，但有儲蓄罐

別看玉婷一個小女子，感性起來很可怕，看見喜歡的東西，根本不問價錢，立刻買下來。工作兩年了，還沒什麼積蓄，幸虧她是北京人，吃住都在家裡，要不然早就餓肚子了。

前一段時間，玉婷媽不知從什麼地方找來一個透明儲蓄罐，開始強制玉婷存錢。小時候用儲蓄罐存過零用錢，現在面對這久違的「朋友」，玉婷確實動心，何況，這還是個透明的，每天往裡面塞一些，可以清楚地看到錢越來越多，越來越有成就感。就這樣，玉婷漸漸走上存錢之路。

有了這個成功經驗，玉婷便在公司裡到處散播，公司的男男女女興起了一股買儲蓄罐的風潮。

這天，一到辦公室，莫西發現自己的辦公桌上悄然多了一個包裝精美的小盒子。打開一看，居然是一隻粉嘟嘟的小豬儲蓄罐，上面還有劉浩然的親筆留言：親愛的小西西，這個小豬真是太像妳了，忍不住就買了，希望妳喜歡。

看完後莫西忍不住笑了，心想，這個劉浩然還挺窩心的。既然有了儲錢罐，莫西便把自己可花可不花的一些零錢省下來「餵」給小豬，一個月下來，她倒出來數一數，居然數目不小，這才猛然醒悟原來自己一個月可以亂花掉這麼多錢，真是該死。

出於好奇，莫西在網路上搜尋關於儲錢罐的故事，原來是這樣的：

從前，一對夫妻因為過年無錢辦年貨而發生口角，妻子責怪丈夫不該抽菸。

第二年，妻子準備了一個儲錢罐，當丈夫每天買一包菸時，妻子就往儲錢罐裡投入一包菸錢，這樣一直堅持到年底。妻子把儲錢罐裡的錢倒出來，過了一個熱熱鬧鬧的新年。

後來，丈夫下決心戒掉了菸，妻子也不再往儲錢罐裡投錢。到年底，發現辦年貨的錢又沒了，夫妻二人百思不得其解：又沒抽菸，這錢哪去了呢？

問題很簡單，因為妻子在丈夫戒菸的同時，放棄使用儲錢罐，結果一年下來，雖然沒有抽菸，但也沒有存下錢，甚至連錢用到什麼地方去了都想不起來了。

從此以後，這個儲錢罐成了人們最原始的理財工具。

儲錢罐能成為理財工具，這個是莫西萬萬沒想到的。而她自己透過自身的實踐發現，有一個儲蓄罐似乎每個月還真能多出那麼一點小錢，為此，她還專門到銀行開了個戶頭，每個月定期到銀行把這些零錢存起來，雖然數目不是很多，但是一年下來也是很大一筆。最主要的是，有了這個儲錢罐，她慢慢地養成了節約的好習慣。以前買東西，喜歡就行，現在會想著還有一隻小豬要「餵」，難免手一緊，考慮價格，貨比三家了。

有調查顯示：不到一年的職場人，八成以上沒有進行過理財。工作二～五年的職場人中，三成職場人開始有了基礎的理財行為。隨著時間的推移，工作五～十年的職場人，不管是在生活閱歷上，還是家庭需要上都開始打理自己的財產，這個時候近五成的職場人開始了理財行為。而工作了十年以上的職場人，近七成都會進行基本的理財。單身男女因為沒有牽掛，加上總是把理財當成一個高深的領域，很多人根本沒有理財意識，

事實上，錢多錢少都需要進行一定的理財規劃，這才能避免自己成為「月光族」。學習理財知識的途徑有很多，但是自己積極主動地去瞭解相關知識才是關鍵。對此，理財專家指出：職場單身男女應該廣納良策，培養理財意識，並及早進行理財規劃，確保生活品質更進一步。而做好自己的薪水分配，便是邁出了理財的第一步。

薪水分配攻略

- **生活**——拿出薪水的五分之一來當作生活費；五分之一用來交朋友，擴大你的人際圈；十分之一用來學習、買書。等收入高一些了，或者有額外的積蓄，就參加更高級的培訓。
- **旅遊**——一年獎勵自己至少一次旅遊，為了這次旅遊，每個月你可以存上十分之一的薪水。
- **投資**——除去以上的開銷，剩下的薪水全都存起來，等到有合適的機會了，可以投資到股市裡，也可以用來做一些小本生意。小本生意很安全，比如開網路商店，即便虧了，也沒什麼；賺了，既賺了金錢，又賺了自信和膽量，還賺來做事情的閱歷。錢多了，就可以開始購買長期的投資計畫，使自己提早獲得一份長久的保障。

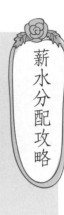

39、只買必需品，不買奢侈品

走在大街上，打開電視，各種消費廣告鋪天蓋地而來，什麼尊享、尊貴、豪門……這些字眼不斷刺激人的神經。幸好莫西免疫力比較強，小米這個臭丫頭可就不行了，見到那些喜歡的東西就兩眼發光，不管自己用不用得上，買，一定要買。

為此，小米振振有詞地說：「奢侈品是物質的？是精神的？好吧！我承認，奢侈品是以物質的形態存在的精神。它首先是滿足你的需求，雖然實際上你並不缺少一個包或一雙鞋；其次是滿足他人的需求，比如羨慕嫉妒恨。它美麗貪婪，讓我們都愛上它，無法自拔，甚至為之瘋狂。」

每當小米說出這些話的時候，顧小北便會惡狠狠地來上一句：「要死啦，妖言惑眾！」

「對你這種這麼沒品味的男人來說當然理解不了，是不是，莫西姐？」

莫西也只能不可置否地笑一笑。

這一天，小米逛街在櫥窗裡看見那雙 Givenchy by Riccardo Tisci 的高跟鞋時，一下子就被吸引了。它很酷，黑色皮質鋒芒暗藏；它也很美，優雅的弧線女性化十足。當時小米立刻向莫西借錢，幾乎毫不猶豫地將它帶回了家。然而買回來後，小米才發現自己根本沒有合適的衣服配它，只能將它束之高閣。

「妳呀，買東西真不能那麼衝動。」莫西勸道。

「莫西姐，妳不懂啦！」小米說，「從妳看到它那一瞬間開始，妳就會愛上它，彷彿有一種力量恍惚而至，如影隨形。它讓妳盡心盡力地想要瞭解那些無窮的美麗魔力到底來自哪裡。」

小米還專門舉了一個例子：當時她讀高中三年級，在一本時尚雜誌上看到一個專欄，上面說相對應的奢侈品配對星座會助你順利完成學業，雖然聽起來很誇張，但是小米卻堅信不疑。而與她的星座對應的是 Louis Vuitton 單肩包，為此她省吃儉用了好幾個月，終於擁有了那個單肩包，最後竟順利考上了大學。從那以後，小米就走上了迷戀奢侈品的不歸路。可惜，小米財力不足，只能讓自己的生活處在水深火熱之中了。

莫西認為，自己不過是一個普通人，保障好自己生活必需品就行了，至於那些奢侈品，有個一兩件充充門面就好。像小米就有點過了，每個月把大把大把的銀子消耗在那些東西上，要不是顧小北那個臭男人，大概早就露宿街頭了。生活中不需要你花那麼多的錢，想要過得開心，過得瀟灑也無需那麼多的錢，千萬別去做花錢買罪受的傻事。很多時候，花大把的錢，也許表面上過得風光無限，實則狼狽不堪，畢竟有錢足夠揮霍的年輕人沒有幾個。不僅如此，勞神費力的高消費，每天讓美女帥哥們頂著個黑眼圈，嚴重影響身心健康。

莫西還發現當下單身男女的三大消費壞習慣：

一、衝動性消費。很多帥哥美女買東西都是一時的衝動，往往頭腦發熱就買了下來，買下來後常常發現根本不適用。所以，如果經常有人陪著購物，並且還鼓勵你去買超過預算的商品，那麼，最好還是自己一個人去購物。

二、用錢買愛情和情緒。當今社會越來越多的人將愛情和花錢視為同等的事，覺得需要買貴重的東西來顯示自己的關心、富有、風度；有些人則會以花錢做為武器，排解自己的壓力或沮喪的心情，比如，跑到最近的購物中心去大肆消費，以做情緒的宣洩。這些都是不對的，真正的愛情和好情緒不是靠錢來維持的。

三、消費的時間不恰當。年輕人總喜歡追求最時新的東西，認為這就是時髦，這就是實力。常常是剛剛花很多錢買的東西，不久後價錢就會降下來，變成了大眾貨，追求高品味或者個性的自己只能遺憾地放棄了。

在買東西這方面，莫西可以說是理性的楷模了。在很多人的心目中，金錢和佔有就等於成功商品或服務，加上各種信用卡的方便實用，常會使人當場就購買較貴、較好的東西。有的人要靠房子坪數的大小或者是衣服的品牌，來證明自己比別人更成功，比別人更風光。莫西可不這麼認為，有多少財力就買多少東西，炫耀富有才是最庸俗的。

單身消費攻略

・**逆向**——買東西把握規律逆向消費也可以省不少錢哦！很多商品的消費都是有週期性的，有淡季、旺季之分。掌握這樣的價格規律，理性消費，就能達到省錢的目的。當需求高漲、價格上揚的時候，不要讓自己跟流行地消費；反其道行之，既不用為擁擠問題苦惱，又能大幅節約費用。當然，逆向消費也有前提，那就是讓自己的消費時間與別人的錯開，或是耐心購物後留待以後使用，又不計較到時是否會與潮流不符。

・**折扣**——每逢節假日，各大商場貨架上五花八門的商品著實吸引目光，可在經濟大環境非比尋常的當下，購物要自有「門道」，要逛就在商場打折的時候逛，要買就買超過季節超低折扣的衣服，一切向折扣看。

・「拼客」——雖然「拼客」一詞在年輕人眼裡已不是特別時髦的新詞，這是指一群人（多為陌生人）為了分攤費用、省錢或獲得團體優惠，集中在一起共同完成一件事或活動。但是，越來越多的單身男女，在預期收入降低的當下，開始熱衷於「拼客」生活來節約消費成本。拼車、拼吃、拼房、拼卡……在都市「拼客」們的眼裡，「拼」是最實惠的生活方式。

・DIY——DIY的流行更多的是對環境的考量，人們想透過自己動手盡量減少對環境的破壞，做個樂活的人，如今單身男女們一方面按住了荷包，考量著如何才能節約又經濟，另一方面出於品味的追求，DIY便成了一種時尚風潮。於是，「Do it your self」的生活方式迅速回潮，且與以往DIY生活風潮的小範圍，甚至有點小情趣不同的是，如今人們更加精明和務實，更會過日子。比如，自己動手維修電器，自己動手打理衣服，自己動手刷牆裝修，讓「DIY」無處不在。

・租——國外流行「租生活」，以租賃或交換的方式暫時擁有一件物品，並在不需要的時候解除對它的所有權。無論是辦公設備、家居用品，還是旅行休閒的裝備，都可以「租」出實惠和樂趣。

40、小投資，小生意，「月光」翻身做「財主」

「親愛的，我想和你商量個事。」小米神秘兮兮地湊到正在認真看電視的顧小北身邊。

「嗯。」顧小北還沉浸在電視裡。

「莉莉姐要我投資她的一個案子，我拒絕了。你說我做的對不對？」

「對——要死啦，什麼，妳拒絕了莉莉姐的投資專案？」顧小北反應過來，大叫道。

莉莉姐什麼人物，在顧小北心中可是神仙級別的人，絕對的人精，她看中的專案絕對是沒問題的。

小米白了他一眼：「你想啊，錢拿去投資有風險，存在銀行沒有風險，穩穩當當的。」

「要死啦，妳有銀子存銀行嗎？妳不向我要錢我就要謝天謝地了。」

「那存一分也是一分，只要我堅持存下去，錢就不會跑掉，永遠是我的。萬一跟著莉莉姐賠了怎麼辦？」

面對這樣的一個傻女人，顧小北唯有深呼吸，先讓自己平靜下來，然後再曉之以理、動之以情地使之覺悟。「當今社會，存錢真不是明智之舉，我給妳講個故事：從前，有一個非常有錢的富人，他有一袋黃金，經常放在床頭，讓自己每天可以看到黃金、摸到黃金。但是他還是不放心，擔心黃金隨時都會被小偷偷走，於是就跑到森林裡，在一塊大石頭下面挖了一個大洞，把這袋黃金藏在裡面。沒過幾天，富人就會到森林裡看一看、摸一摸他的黃金。

有一天，一個小偷偷偷地跟著他，發現了黃金的秘密，第二天就把黃金偷走了。富人發現自己的黃金不見了，非常傷心，坐在那裡哭泣。正巧一位長者經過。長者問了富人哭泣的原因後，對富人說他有辦法把黃金找回來。說完，這個長者就拿出了金色的油漆，把大石頭漆成金黃色，在石頭上面寫上『一千兩』的字樣。寫完後，告訴富人以後他又可以天天來這裡看黃金了。」

「親愛的，你想說什麼？我怎麼一點都聽不懂？那個長者是不是有病啊！石頭怎麼會是黃金？」小米不負眾望，果然沒聽懂。

被打敗的顧小北只好說的更直接明白：「不要認為這個長者腦袋有問題，在他的眼中如果黃金不拿出來用，就和被塗成金黃色的大石頭沒什麼兩樣。」

「哦！」小米似懂非懂。

「明白我說這故事的意思了嗎？」

小米搖頭。

無奈，顧小北只好本著十二分的耐性繼續分析：「小米，錢是不是拿來花的？我們賺錢放在銀行裡，銀行是不是那個藏黃金的地洞？」

「不是，地洞不給利息，銀行給啊！」小米反駁。

「是的，銀行給。但是給的利息趕得上今天物價上漲水準嗎？想想去年能買一斤蘋果的錢，今年只能買半斤了。所以，只要有好的投資項目，我們就不要錯過，錢生錢才是硬道理！」

「我明白了。這次莫西好像也要加入。」

「莫西果然比妳聰明。」

確實，莫西比小米這個敗家小女人更注重理財，她發現想透過自己死薪水讓自己過上富裕的生活很有難度，加上自己的薪水增長比蝸牛爬行還慢，便一直留心著各種投資機會，只要高於銀行利率的風險較小的投資，她都願意去嘗試。

錢莉莉可以說是她的榜樣，她除了工作能力強，還是投資做買賣的好手，只要有商機，她下手一定快、準、狠。如今，莫西正狠下決心向莉莉姐學習，也給自己弄點額外收入。

「但是，你看我要上班，哪裡有時間去搞什麼理財投資，這對我這個女流之輩來說太難了。」小米顧慮重重地說道。

顧小北狠狠瞪了小米一眼：「要死啦，不要給自己的懶找藉口。我太瞭解妳了，『沒時間』只是為自己懶於理財尋找的一個託詞。很多人覺得如果賺錢勤快，在理財方面『懶』一點似乎無傷大雅，閒置資金躺在帳戶上也沒什麼不對。可是我們辛勤工作的重要目的就是累積財富，如果好不容易賺來的財富沒有得到有效管理，任由通貨膨脹去『侵蝕』，那也是對自己勞動的另外一種漠視。蒼天啊，我怎麼遇到了妳這麼個不懂事的女人！」

聽顧小北這麼說，小米立刻表現出小乖貓的樣子說道：「放心啦，以後我一定做一個理財好女人，讓小北對我刮目相看。」

投資攻略

・**謹慎**——投資不是小孩玩扮家家酒，沒有選擇好說不定辛苦錢就會打水漂，因此要認真對待，仔細考核每一個投資項目，對於投入、收益及收益期限都有一個瞭解，做到百分之百的把握，而不是像無頭蒼蠅一樣胡亂投資。

・**規劃**——沒有計畫的投資，只能讓自己的資金更加處於無序的狀態。所以，要根據自己的實際情況、未來預期收益，制訂一個理財規劃，並依此來購買股票型基金、貨幣基金、銀行理財產品等種種，或者投資生意，做到長、中、短期相輔相成，這樣的投資組合可以達到「一懶勝百勤」的妙效。

・**平均**——對很多單身的理財懶人來說，一旦選準方向便會全額投入，其實一次性投資放大了風險，因此不要盲目追求高收益，「平均成本法」是最佳良方。採用「平均成本法」將資金進行分段投資，可以最低限度地降低投資成本，分散投資風險，從而提高整體投資回報。

41、四種方法，有錢一輩子

錢莉莉曾是一個極不安分的女生，懷著偉大的創業夢想千里迢迢來到北京這個城市。透過一番實地考察，加上以往自己的經驗實踐，一個臺灣特色小吃店在她手中新鮮出籠。沒想到剛剛開始盈利，就遭遇拆遷，她不得不放棄。

那次開店經歷雖然以失敗告終，卻也給錢莉莉上了一堂創業課，用錢莉莉的話說：「創業就是穿著釘鞋走在冰面上，稍有疏忽就是嘩啦一片的失敗。但是，只要堅持，最終也會爬過去的。」

之後，錢莉莉透過市場考察，在自己的住處附近又開了一家通訊店，幫顧客下載電影、補充話費、賣手機充電器……日子雖然過得下去，然而離錢莉莉心中的終極目標還是太遠。中國人向來都有超級山寨精神，她開了這家店後，立刻「忽如一夜春風來，千樹萬樹梨花開」，此類小通訊店，幾日之間便冒出了三、四家。區區幾千人的「貧民區」需要這麼多的通訊店嗎？無奈，錢莉莉明智地決定關門大吉。

這些慘痛的經歷，讓錢莉莉幡然醒悟，自己的職場閱歷不夠，還是嫩丫頭一個，決定到公司應聘，從最基層開始鍛鍊自己。現在她雖談不上什麼公司的核心人物，但絕對算是人物，加上這幾年和形形色色的人打交道，自然而然練就了一雙「火眼金睛」，無論是看人還是看事都相當準。這幾年她也沒有閒著，透過購買公司的債券，購買基金、股票等，可以說不僅讓自己衣食無憂還大有結餘。

這次，透過「內部」消息，錢莉莉看準了一支股票，便拉著莫西入夥，當然莫西也不是什麼安分的人，想當年她在學校裡折騰多少事情來，什麼辦報刊、租書、賣花……錢莉莉很喜歡莫西，自然是有錢大家賺了。但是對這件事情，小米抱著保守的態度。

小米在電話裡說：「妳們真能折騰，顧小北非常支持我加入，只是……只是，萬一賠了呢？再說還要上班，顧得來嗎？」

「哈哈，賠了，賠了再賺。我們不用管股票的事啦，莉莉姐有把握的。」莫西說。

「哎，妳們膽子真大。」

莫西笑了笑，打趣道：「男人不能說不行，女人不能說隨便，像我們這種單身男女赤條條來赤條條走不能說害怕。」

「歪理！」小米嘴上雖然這麼說，其實打心底還是非常佩服她們的這股闖勁。

果然不負眾望，自從錢莉莉她們買進這支股票後，立刻就翻了好幾番，這時錢莉莉要莫西和小米全數拋售。小米這個小女人貪婪之心顯現，她說：「現在局勢一片大好，說不定還會漲呢！現在賣了實在可惜。」

對小米這號理財懶人，錢莉莉只好動之以情、曉之以理地說道：「像妳這樣的，股票走了好幾個波段還不知不覺，賺了錢也不知多少，套牢了只曉得捂著，是不是要等到自己的股票被下市了，才後悔莫及！」

見錢莉莉這麼說，小米只得不情願地照辦了。拿到錢的時候，小米喜滋滋地問錢莉莉：「莉莉姐，下一步妳有什麼新的賺錢高招？」

錢莉莉想了想說：「我打算用這次賺的錢進軍基金市場。」

「基金？」小米一聽頭就大了。基金對她而言是比股票更難的東西。

「妳買，我也買。」莫西倒是表現的很豪邁。

「這個，這個……」小米有點猶豫，「好不容易有了買香水、衣服的錢，在我這裡還沒捂熱又要跑啦，我心疼。再說，這個基金我可是一竅不通的。」

「有專門的理財專家，我們諮詢他們就好啦！」莫西不以為然地說道。

錢莉莉可不這麼認為，她說：「妳們這樣的人，最容易聽信理財專家的話，往往一次買入太多太集中，不懂如何分散風險，虧損了後大罵『專家也是笨蛋』，我可見多了。先別迷信什麼專家，容我先打聽一下，打聽清楚了我們再行動。本小姐可是不做虧本買賣的。」

「是，是，跟著莉莉姐我們放心。」莫西說道。

對於真正理財莫西可以說才剛剛上道，但是她很慶幸有錢莉莉這樣的高手兼導師，讓她少走了很多彎路。她心裡也明白，無論是何種方式的理財，總會有一定的風險，最主要是要懂得如何選擇最有益自己的理財方式，讓自己風風光光有錢一輩子。

外財攻略

• **保險**——買過商業保險的朋友都知道，投保的年齡越小每年付出的保費越少，而結束投保的時間越早。單身朋友一定要趁年輕樹立「未雨綢繆」的意識，為自己和家人選擇一份適合自己的壽險、醫療險或儲蓄型保險等。

• **信用卡**——擁有信用卡的好處很多，最重要的一點是你身邊不用備太多的現金，而自己擁有的資金可以去進行更加有效率的投資。不過，要注意理智消費，不要刷爆卡，更要注意按時還款，以免影響自己的信用，還要盡量少用信用卡提現，因為要付較高的手續費哦！

・**債券**——債券可以是國債、公司債、企業債、分離債等，一般來說這些債券的利息都高於銀行的利息，如果遇到國債或者實力雄厚的公司的債券，最好不要錯過，適當地買一點，可以額外增加自己的收入哦！

・**基金**——基金定投是能長期抵禦資本市場動盪的一個好方法，尤其是貪玩不想被股市大盤拴住也不想投入太多資金的「月光族」們，長期定投基金一定能帶給你一筆不小的財富！

42、本小姐摳自己但不摳朋友

第一次見顧小北，很多人都覺得很不錯，但是相處久了，就會發現他活生生的就是一隻「鐵公雞」，很少給自己買衣服，很少吃很貴的東西，很少請客，很少帶小米出門浪漫一番。小米自從跟了他便天天抱怨自己的生活品質直線下降，說顧小北是個「小氣鬼」，而顧小北的解釋便是「要死啦，照妳那樣的花法，我們早就喝西北風了。」

顧小北從來都把莫西當作自家人，但對待莫西也是一味地「摳門」。他提倡素食，很少吃肉，莫西到他的小窩，他從來不問莫西喜歡吃什麼或者有什麼忌口的，自顧自地做菜，一般都是燒豆腐、竹筍炒木耳、番茄炒雞蛋、山藥炒百合等。飯前他經常像變魔術一樣拿出一大盤蘋果和橘子，說：「我們要健康生活，餐前吃點水果可以少吃飯，不會發胖。」邊吃他還邊強調：「現在要低碳生活，不能浪費，不夠了再加菜。」對莫西這個肉食動物，只能邊吃邊翻白眼，全當一次清腸活動算了。

為了感謝錢莉莉上一次對自己的照顧，也為了好好「教育」顧小北這隻「鐵公雞」一番，莫西叫了錢莉莉、顧小北和小米吃飯。接到邀請，顧小北還非常不滿地嘀咕了一句：「要死啦，這個莫西發財了嗎？要這麼破費。」

按照約定的地點，顧小北和小米來到了一家海鮮酒樓，進去找到了莫西和錢莉莉坐下。莫西叫來服務員，一口氣點了好幾份海鮮，什麼蒜茸蒸鮮鮑魚、白扒魚翅、蟹肉燕窩……顧小北不禁驚訝地張大了嘴巴，莫西這傢伙是不是瘋了，怎麼專挑貴的點呀！

莫西笑呵呵地說：「菜都上齊了，開吃吧！」

顧小北舉起筷子，瞅著莫西說：「真吃啦，我可沒帶錢。」

「我說我請客了，謝謝前陣子莉莉姐的英明指導，讓我和小米的腰包不再乾癟癟的，終於有點小鼓鼓的啦！」莫西邊說邊從包裡拿出一個包裝精美的小盒子，「莉莉姐我還準備了一個小禮物送給你哦！」

「莫西妳真是太客氣了。」錢莉莉不好意思地說。

小米好奇地盯著小盒子問道：「莫西姐這個是什麼東東啊？」

莫西回答：「莉莉姐喜歡的香水。莉莉姐妳先打開看看我買的對不對。」

「謝謝莫西。」錢莉莉接過香水。

當錢莉莉打開小盒子，看到那香水品牌，顧小北連連咂嘴：「呀呀，這個可是花掉妳半個月薪水了吧！」

小米對著顧小北發起威來：「顧小北，你這隻鐵公雞，你從來沒有給我買過一瓶像樣的香水！」

顧小北臉微微一紅，應付地說道：「買，給妳買。」

飯後，錢莉莉離去的時候，顧小北不滿地對莫西說：「要死啦，妳說妳這是幹嘛，如此破費，妳的那點薪水經得起這樣折騰嗎？」

莫西不滿地白了他一眼說：「我這叫知恩圖報，莉莉姐幫我那麼多，請她吃頓像樣的飯是應該的，我可不像某人。」

「我那是會過日子。」

「你對自己摳點我還真沒什麼意見，但是你看你對自己的女人和朋友都這麼摳，我可看不下去了。窮的時候，錢要花給別人，富的時候，錢要花給自己，很多人都做顛倒了。」

「歪理！」顧小北不屑地說。

「算了，這個道理對你這種鐵公雞來說就是對牛彈琴。人，在窮的時候，不要計較，對別人要好；富的時候，要學會讓別人對自己好，自己對自己更好。也就是說窮要把自己貢獻出去，盡量讓別人利用；富，要把自己收藏好，小心別讓別人隨便利用。這些奇妙的生活方式，是很少人能夠明白的，特別是你顧小北。」

莫西雖然還算是涉世未深，但是對於人情卻有著相當深刻的認識，她明白自己的人生是可以設計的，幸福是可以準備的。要經營好自己的生活，可以對自己苛刻一點，但是對朋友、對身邊的人一定要大方。莫西是這樣想的，也是這麼做的。

有一次她和小米合買一套化粧品，見小米特別喜歡一個化粧包，但是囊中羞澀，莫西便掏錢買下送給了小米，讓小米感動的眼淚嘩嘩的。莫西懂得什麼是貴重物品，懂得該投資什麼，懂得該在哪裡節約，她很少請客，要請，就請比自己更有夢想的、更有思想、更努力的人。一旦生活需要的錢已經夠了，最大的花費，就是用你的收入，完成你的夢想，去放開你的翅膀大膽地作夢，去讓生命經歷不一樣的旅程。

大方攻略

- **朋友**——可以對自己吝嗇，但是對待朋友一定要大方，要在物質、感情上照顧好朋友，滿足朋友的需求，要捨得為自己和朋友的健康、幸福花錢。
- **真心**——違心的慷慨一文不值，違心的給予越多，你心裡的感覺就會越糟糕，總覺得自己虧了。如果你是剛剛開始學習如何慷慨，那麼最好慢慢來，比如把自己用不了的東西「善意」地給其他需要的人。別害怕，這樣的「慷慨」花不了你多少錢的。
- **自省**——常思所有，意識到自己生活很富有，與人分享會變得更加富有，自然而然就會樂於奉獻了。另外，經常自省，會讓你心靜，明白人生的意義，心懷愛意去自省，這樣我們才能發自真心的慷慨大方。

Chapter 7

一株無根草的吃喝玩樂

43、自己美一美，做個「時尚王」

在包裝技術如此發達的今天，沒有人天生是白天鵝，也沒有人天生是「歐巴桑」、醜小鴨。醜小鴨變不了白天鵝只是因為太懶了，懶得去改變，懶得去突破，懶得去打理自己。

自從和顧小北在一起後，小米越來越像黃臉婆了。經常不化粧便出門，經常三、四天穿著同一件衣服，週末便蓬頭垢面穿著睡衣在房間裡閒晃。面對這麼一個邋遢女友，顧小北痛苦萬分，只能在遇到美女的時候兩眼放光地欣賞上半天，然後痛苦地回家面對小米。

和小米不同，莫西一直都非常注重自己的形象。更何況公司裡有錢莉莉這個妖女為榜樣，在穿衣打扮上更是不敢馬虎，雖然不敢奢求超過錢莉莉，至少不能差別太大。為此，她可是精心研究各種時尚雜誌，學習各種穿衣搭配。為了提升自己的氣質，她更是每天花一個小時讀書看報。她知道做女人不容易，做個漂亮女人更不容易。

這天，顧小北對小米不理不睬，讓小米很傷心，便來找莫西傾吐苦水。

見到小米，莫西說：「有什麼不開心的事嗎？」

「其實也沒什麼。」

「說說，也許我能幫妳。即使不能幫妳，說出來也會好受點。」

「妳說顧小北是不是喜新厭舊，開始嫌棄我了？最近總是對我不理不睬的，說我是黃臉婆。」

莫西笑了笑說：「就為這個？」

「這還不嚴重嗎？如果是說一次，也許沒什麼，但是說我很多次了，說明一定是我哪裡不對勁了。」

莫西認真地看了看小米。她天藍色夾克外套裡面是一件淺灰色毛衫，下身一條簡單的藍色牛仔褲，白色運動鞋，五官也不做任何修飾，一頭長髮只是用黑色的橡皮筋簡單地紮在腦後。

「我想我知道原因了。妳覺得現在的自己漂亮嗎？」

小米不置可否地望著莫西。

「我和妳說，顧小北絕對是視覺動物，妳看看自己的這身打扮，哪一點有著女人該有的溫柔可人，不把人嚇跑才怪。真不知道我以前認識的那個風情萬種迷死男人不償命的小妖精哪裡去了。」

「和顧小北木已成舟了，還需要那麼麻煩嗎？再說，女人外表真有那麼重要嗎？最終看中的還不是能力！」

莫西無奈地拉過小米說：「妳傻呀，居然相信那些鬼話，別以為自己吃定顧小北就可以變懶變邋遢。我現在只能用事實來說話。」

莫西拿出化粧品，為小米精心打扮了一番。一個小時過去了，只見小米一頭美麗的大波浪，不著痕跡修飾過的五官，紅色絲綢長裙，黑色鑲鑽高跟鞋，整個人顯得典雅嫵媚。小米在見到自己的那一瞬間就被驚呆了，高興地說道：「哇，莫西姐，我覺得自己復活了，妳太了不起了！沒想到靜下心來對自己進行裝扮原來是一種美好的享受。」

莫西笑著說：「所以，別再傻傻地認為女人的外表不重要。如果真的不重要，為什麼那些美女總是更容易找到工作？為什麼那些美女總能很快的升職、加薪？為什麼美女上司總是讓下屬更加的敬畏和欣賞？為什麼美女總是更有號召力，可以讓身邊的人圍著她轉圈……妳，小米絕對也是美女級的人物，怎麼能讓自己的美貌沉淪在邋遢之中，遭受顧小北的冷眼光。」

莫西清楚地知道：雖然這是每個人都在叫囂著「不以貌取人」的年代，但真理是美女帥哥永遠受到關注，不要天真的認為別人不會以貌取人。妳要做的就是不怕麻煩，由內而外努力讓自己變得更加漂亮或英俊。

「莫西姐，妳說的非常對！」

就這樣，小米形象大翻身，走到哪裡都是一道亮麗的風景，顧小北這個視覺動物也甘願為她效犬馬之勞了。

美麗攻略

- **學習**——要想持久保持自己的魅力，做個人見人愛的魅力達人，就得多看時尚雜誌，多留心身邊人的裝扮，多請教精於裝扮的人士，提高自己的審美眼光，獲得裝扮的建議、技巧。
- **「4C」**——嚴格按照4C原則（CUP、COLOR、CM、CHIC——罩杯、顏色、長度、時尚）打造自己的新形象：依照 CUP，在女性硬朗幹練的穿著中凸顯特有的性感胸腰曲線，然後運用 COLOR，衣著顏色對比有度，再依照自己的身體比例精確自己的 CM，抓住 CHIC 熱點，讓自己陳舊的形象成功翻身，打造屬於自己的個性新形象。
- **內在**——再漂亮的外表如果沒有氣質的支撐，也只是一層華麗但不持久的「皮」，在別人眼中遲早都會脫落。要不斷學習，提升自己。你可以看看藝術類和哲學類的書，讓自己更加感性、聰慧、可愛。外表和內在一起完美呈現，才是真正的「白天鵝」。

44、泡酒吧就是泡生活

玉婷是典型的乖乖女。那天小米來公司找莫西，和她開玩笑地說要帶她去酒吧玩，她當場拒絕，怯怯地說：「酒吧很亂吧！我們女孩子還是別去為好。」

沒想到玉婷越是拒絕，小米越是來了興致，在莫西公司硬是等到她們下班，生拉硬拽地把玉婷也拉到了酒吧！

玉婷是帶著忐忑的心情走進酒吧的，從未接觸過酒吧的她，對酒吧充滿著恐懼，同時也有著好奇和嚮往。她強迫自己放鬆，學著電影中的女人，翹著二郎腿坐在吧台前。當酒保問她想要什麼時，她愣了一下，她根本不知道酒吧裡有什麼，她強迫自己鎮定，要了一瓶自己最熟悉的橙汁飲料。

聽到她要橙汁，小米哈哈大笑起來說道：「來酒吧喝飲料，玉婷啊，妳真是奇葩。」

玉婷臉微微一紅：「我不知道在酒吧該點什麼？我從來沒有來過。」

「今天妳遇上我算是找對人啦，一，遇到不明白的妳可以問我，避免尷尬；二，有個人，發生了什麼事可以互相照應，酒吧可不是兒童樂園，色狼多著呢！人們第一次去酒吧，通常會約上一兩個信得過的好朋友，特別是像我這樣對酒吧很有經驗的老手，跟著我們不尷尬不害羞，才會學到很多東西，才能找到泡吧的感覺。」

「小米妳就吹吧！」莫西毫不留情面說道。

「我已經很實事求是啦！玉婷，看，斜對面那個男人在看妳呢！」小米說。

玉婷臉刷地紅了。小米哈哈大笑：「在PUB被人看是很正常的，妳要學會習以為常。喜歡呢，就大膽地回望他一眼，如果是討厭，狠狠地瞪上一眼也無妨。有人看才證明妳有魅力。」

「哪有呀！」玉婷害羞地低下了頭。

在酒吧裡，莫西沒有小米那麼活潑，也不是玉婷那樣的害羞。她慢慢地喝著手中的酒，看著PUB裡昏暗的燈光，聽著悠揚的音樂，沉醉在酒吧美好的氛圍中，縱容自己的感官和精神去體驗、去享受，使自己的身心得到最大的舒展，獲得最美妙的放鬆。此時，在她眼中酒吧已不再是酗酒恣意玩樂的失樂園。卸下自己的偽裝，昏暗的燈光中品味酒與雪茄、酒與音樂、酒與人的情感交流，投骰子、扮小蜜蜂、玩「誠實大膽」……這個世界虛無縹緲、紛繁複雜，盡可以釋放自己虛幻的夢境——這就是最美妙最輕鬆的夜間遊戲。

「啊，顧小北！」突然，小米大叫了起來。

莫西順著小米的目光望去，可不是顧小北，身邊是一個身段婀娜的女人。當那女人轉過身時，莫西和小米都驚呆了，居然是錢莉莉！莫西一直都知道，顧小北非常欣賞錢莉莉的美貌，很想拜倒在她的石榴裙下。但是以她對顧小北的瞭解，他是有賊心沒賊膽的人，加上被小米這隻母老虎拴著，顧小北更是不敢越雷池半步。今天顧小北吃了什麼熊心豹子膽，居然敢單獨和錢莉莉約會？

「你這個色膽包天的顧小北！」小米衝動地想衝上去。

莫西急忙拉住小米說：「別衝動，也許他們不是妳想的那樣的。」

果然，不一會兒，陸陸續續又來了很多男男女女，小米的這一顆心才放下，慶幸自己剛才沒有衝上去。

從酒吧出來，玉婷感慨道：「其實泡吧挺好的，很放鬆！」

精緻的酒杯，婉轉的音樂，這是一種獨有的時尚，一種精緻的文化，「酒吧」已成為無數單身男女空暇時間裡重要的消遣和減壓方式。

泡酒吧攻略

‧ **選擇**——酒吧的選擇非常重要。想要喝到純正的好酒，一定要去那種 Bartender 身後擺滿銀質調酒器和各種酒瓶的酒吧，Bartender 調酒服乾淨筆直。

‧ **酒單**——酒單上一般列有飲料、開胃酒、雞尾酒、葡萄酒、烈酒這幾大類。開胃酒、烈酒按瓶或杯出售，雞尾酒按杯出售，葡萄酒按瓶。

‧ **洋酒**——點洋酒，最好不要提出加綠茶之類的要求。如果一定想用洋酒搭綠茶喝，也請選用十二年威士忌這樣相對入門級的洋酒。

‧ **配製**——雞尾酒是配製酒，僅僅透過名字很難知道它主要的酒和其他成分。這時，你可以向 Bartender 請教，不要擔心，他不會笑你。這也是接近 Bartender 的一種方法。如果你酒量不好，或不想喝醉，就不要點長島冰茶這種混合多種烈酒的雞尾酒，看名字是茶，其實是烈酒。

‧ **氣氛**——在酒吧遇到有人請大家，就愉快地接受，當然，你也可以請大家。去酒吧，大家都很注重氣氛，說不定那小小的一杯酒，就能給你帶來一個相見恨晚的「朋友」，讓你找到自己喜歡的「酒」。

45、小興趣混大圈子

衡量一個人能力大小，重要指標之一就是看其生活半徑的大小，也就是圈子的大小。圈子是「社群」、「部落」、「團體」，用通俗的話說，圈子就是關係網。

剛進入公司的時候，莫西就非常留心公司的圈子。她發現公司裡的小圈子確實有其迷人的地方。小圈子中的人彼此熟悉，溝通良好，能互相提供協助，完成工作任務。而當自己工作上遇到挫折，圈子中的夥伴往往會比家人更容易讀懂你的委屈，往往也更能提供安慰，減輕工作及生活所帶來的壓力。

至今莫西仍然記得自己第一次去公司上班的情景。錢莉莉把新員工介紹給公司的其他同事，她聽到有人低聲說了一句：「天啊，那個人看起來好土。」當時她以為說的是自己，一張臉漲得通紅。這時那個人又低聲補了一句：「你看他穿皮鞋居然配白襪子。」旁邊另一個女同事補充道：「確實挺土的。」莫西才意識到，他們說的是自己旁邊的一個新同事。

那時候莫西剛入職場，對衣服搭配完全不懂，不過暗自慶幸自己沒有穿白襪子的習慣。後來，這位新人就落了一個「白襪子先生」的綽號。哪怕他穿上最入時的衣服，說最入時的話，做和同事一樣的事情，這個標籤形象卻從此印刻在別人的腦袋裡——他穿皮鞋是配白襪子的。

雖然這個人給人留下了「土」的印象，但是「白襪子先生」卻讓公司的人馬上記住了他，為此莫西還暗暗吃這位「白襪子先生」的醋好久。莫西也明白了獨特的標籤可以使你勝人一籌，要把某件事做得出類拔萃，並不需要具備「點石成金之手」，而要不遺餘力地打好手中的牌，能工巧匠很少樣樣精通，「一招鮮」卻能吃遍天。於是，一進公司莫西便開始積極地給自己尋找獨屬於自己的標籤，想讓錢莉莉那個圈子認同自己。

錢莉莉是公司的象徵性人物之一，以她為核心，聚集了公司一大群銷售精英。銷售界有這樣一句話：「要想最快成功，便是複製成功者。」莫西想如果能進入優秀者的圈子，擁有成功者的心態和模式，並得到他們的指導和提攜，在職業生活中肯定能少走彎路。透過莫西細心的觀察，她發現錢莉莉圈子裡的人都有一個共同特點——喜好研究各種銷售經典案例，經常聚在一起討論分析銷售手法的優劣。這與她的興趣愛好不謀而合，她能不時提一些中肯的建議，發表一些自己獨特的見解，圈子的人很快就認可了她。加上錢莉莉對她的喜歡，莫西成功地混入這個圈子，穩固了她在公司的地位。如今這個圈子更是讓她在銷售工作上如魚得水，要不然，她這個無親無故的孤家寡人是很難在公司混得如此順心又順手的。

顧小北是圈子發燒友，參加的圈子不下十個。每天除了把業餘時間貢獻給小米這個女魔頭外，就是參加圈子，積極舉辦、策劃各種圈子活動。他把莫西吸收為圈子裡的人，帶著她參加各種圈子活動，特別好玩刺激，為莫西的單身生活帶來不少樂趣。

嚐到甜頭，莫西深諳混圈子之道。她分析了一下，最好的圈子無非分為兩類：有用的和有趣的。

有用的圈子，就是最有號召力、最有競爭力也最有發言權的圈子，通俗一點說，就是優秀者的圈子。對於這樣的圈子，很多人都有自卑心理，覺得自己和同等薪水水準的人打交道才心安，跟頂尖優秀者就像兩條平行線，怎麼也不會相交。其實，人跟人的本質差別不是財富的多寡、能力的高低、經驗的多少。因為財富可以創造，能力可以提升，經驗可以累積。不要因此放棄融入優秀者圈子的自信。勇敢抓住機會，認識一些本公司或行業內先行一步的業務優秀者，你的人格魅力和個性潛質一定會打動一些人，成為互相吸引、互相協助的朋友。

至於有趣的圈子，就是好玩、輕鬆、愉快，讓你的生活充滿與眾不同的趣味，一定程度上也是提高了你的生活品味。像莫西的旅友圈、刷街圈、塗鴉圈，都讓她的業餘生活充滿刺激和活力。

圈子攻略 II

- **標籤**——圈子裡「人以籤分」，每個人在圈裡人眼中都是一幅貼了標籤的簡筆畫，而不是有血有肉、有稜有角的活生生的人。圈子裡的人需要的聊天話題不是這個人真實的形象，而是一個戲劇化的情節、一句不可思議的對白或者一種怪誕的行為特徵。因此，標籤往往成為你的一個品牌，圈裡的人會根據它來判斷和審視你。好標籤來得並不容易，你必須學會培養自己的獨特之處，可以讓人一目了然地記住。比如你可以有親和力，讓他人容易接觸；你可以做圈子裡的開心果；甚至你可以只做一個具有迷人微笑的善解人意的傾聽者。相信自己，找到自己區別於其他人的強項並加以發揮，才能給自己在圈子中貼上一個自己中意、別人滿意的標籤。

• **原則**——若你決定要加入某個小圈子，掌握以下的原則就能讓你應對自如：第一，分享資訊，而不傳遞評論。即使是興趣圈子，大家聚在一起，也不可避免地會聊到公事。這時候只交流一些客觀資訊，幫助大家掌握關心的東西的近況便好。第二，提供支援，而不製造矛盾。別忘了小圈子的目的是讓大家能夠和睦交流。若聚眾排擠外人，容易衍生成嚴重的衝突，結局往往是兩敗俱傷。

• **自我**——有的時候在圈子裡難免要「獨善其身」，這時更要和各方人保持友好關係，而不是把自己變成游離在外的圈子邊緣人。只有瞭解圈子文化，聰明地運用小圈子，那麼圈子才會是你快樂生活、工作的起點，而不是讓你日後悔不當初的圈套。

46、運動，有氧好生活

「啊！」莫西在秤過體重之後，發出了一聲慘叫，天啊，這個月她整整重了五公斤，太恐怖了！

這段時間公司沒什麼大事，莫西經常和辦公室的人吃吃喝喝，大家的體重增長趨勢如股票的牛市一樣喜人。

有一次，辦公室只有莫西和劉浩然，劉浩然開玩笑地對莫西說：「這個月胖了不少哦，小胖妞。」

「你叫我什麼？」

「小胖妞加小懶妞。」

「要死啦，敢這麼說我。」

劉浩然裝作特別無辜地說道：「人家只是實話實說啦！」

「敢說我胖，你把衣服脫了，讓我檢查檢查，你肯定也胖了。」說完，莫西便來拉扯劉浩然的衣服。

「我生活很健康，才不會發胖。」

「我不信，讓我看看。」

「非禮啊，非禮啊！」劉浩然誇張地大叫了起來。

「去，誰會非禮你。」莫西放手說道。

「說真的，明天下班後和我跑步吧！」

「跑步？你居然有這個愛好？」

「從大學起，這個愛好我可是從來沒有間斷，剛好妳也藉此減減肥。」

「我苗條著呢！」莫西嘴硬道。

不過莫西不得不承認，自己不愛運動，這段時間能感覺到精力明顯不夠了，體質下降不少，很容易疲勞。更讓她頭痛的是體重，都說窈窕淑女，照這樣下去她眼看就要離開窈窕的行列了。而錢莉莉，三十五的人啦，不僅沒有人老珠黃，還是那麼的亭亭玉立，老天爺真是厚此薄彼，莫西感到自己可以獲得「楊貴妃」的褒獎了。

經過劉浩然的「精心提醒」，莫西開始變得疑心很重，每當別人使用「珠圓玉潤」、「虎背熊腰」、「心寬體胖」這些中國文化造就的豐富辭彙時，總保持高度的警惕，擔心被含沙射影。當然這和莫西小時候的經歷分不開。莫西小時候的外號叫小肥（是該死的顧小北取的），總喜歡一個人玩，一本小人書可以翻來覆去地看上一天。上學以後體育成績總是排在班上的末尾，跑步是最後一個到終點，跳高是在橫竿底下鑽過去的。成績差就不願意動，越不願意動成績就越差，形成了一種惡性循環。如今雖然發覺到了運動的重要性，偶爾也會去去健身房什麼的，可是一般都是三天打魚兩天曬網，很少持續下來。工作後，經常感到壓力很大，更沒時間沒心情去運動，除了參加圈子裡的一些活動，更多的時候只是窩在沙發裡看肥皂劇，體重會上升也是很正常的啦！

在鍛鍊上，錢莉莉和莫西不一樣，表現的非常有毅力。睡覺前她都會做瑜珈，週末會去登山、游泳、出遊、慢跑、打球、騎自行車、做健身操、打太極拳……除了鍛鍊身體，這些有氧運動也成了錢莉莉的減壓妙招。她感到自己壓力很大時就去運動，特別是當她知道自己喜歡的明星一直堅持做瑜珈減壓時，她更是迷上了瑜珈，每天堅持，發現自己真的越來越開心輕鬆了。

「不管怎麼樣，明天下班後我等妳跑步哦！」劉浩然才不管莫西願不願意，擱下這句話就走了。

迫於劉浩然的壓力，莫西下班後開始跑步。一個星期後，她發現效果還不錯，雖然這點運動量還不足以減掉她的體重，但是她感覺整個人神清氣爽容光煥發，完全不是以前那副要死不活的樣子，心情也好了很多。

像莫西這樣的職場人，很多時候都覺得自己壓力很大，而運動減壓是很多人的寵兒。那麼，運動為什麼會減壓呢？人的身體內有一種叫做「腓肽」的激素，被稱為「快樂因子」，能給人帶來快樂。當人運動時「腓肽」就會產生，當運動達到一定量的時候，就可以促進神經愉悅，帶走壓力和不悅。

健康生活攻略

- **二十歲**——這個階段一定要注意堅持運動，以維持體重，否則三十歲以後再去減肥就很吃力了。運動可以是慢跑、游泳、騎自行車等，可以隔天進行一次，如星期一、三、五，每次進行大約三十分鐘。
- **三十歲**——三十歲時身體的關節常會發出一些響聲，這是關節病的先兆。為了使關節保持較高的柔韌性，應多做伸展運動。仍是隔天進行一次，強度不要像二十歲時那樣大。

久坐辦公室的人更要注意伸展運動。比如仰臥，盡量將兩膝提拉到胸部，堅持三十秒鐘，或兩腿分別上舉，盡量舉高，保持三十秒鐘。這個年齡的人仍可進行各種體育鍛鍊。若間斷一段時間，重新進行運動時要遵循「循序漸進」的原則。

- **四十歲**——選擇運動項目不僅要有利於保持良好的體形，而且能預防常見的老年性疾病，如高血壓、心血管疾病等。運動每星期一、五進行兩次，選擇中等強度的運動，可進行慢跑、游泳、騎自行車等。
- **五十歲**——五十歲以後運動是為了健康，但是運動強度不宜過大，打網球、長距離滑雪、游泳、慢跑、高爾夫球、跳舞、散步等項目比較適合。

47、找旅友，出門遠行啦

身為弱女子拼殺在職場，完全沒有了女人的婉約浪漫，莫西覺得有時候自己真的太不可愛了。

這天，她剛上網，旅友圈的人立刻發來消息，說要到南潯遊玩一番。「開荒南野際，守拙歸園田」，一直以來莫西就渴望著過一種鄉間的平靜生活。自己的心願，加上旅友的邀請，莫西便慫恿劉浩然和她一起請了五天的假，來到了南潯。

去南潯的路上，沿途是一望無際金黃色的稻田，在明淨瓦藍的天底下，稻浪像是一條靜靜流向遠方的金色河流，讓莫西心裡寧靜安然。稻浪的兩岸，不時閃過一座、兩座、幾座青瓦白牆的農家小院，點綴在絢麗的秋之畫卷裡。

當青瓦白牆漸漸多起來的時侯，稻浪已在視線中開始沿著秋風輕柔的曲線，向更深更遠的太湖深處流淌而去。四周依舊一片寧靜，但那繁茂的綠樹，高高的牌樓，古色古香的店鋪，來往的行人，卻已悄然間迫近了車窗。打開車門的時侯，莫西和旅友們已經置身於南潯古鎮略有些熱鬧的街市邊。

這個小鎮方圓不過七十三平方公里，存留著舊時光的中心景區，面積只有區區三公里左右。從商鋪、商品房、酒店、停車場這些帶點現代氣息的街區，踱到光影槳聲中的水鄉，只不過短短數百步的路程。

沿著騎樓式長街，莫西幸福地挽著劉浩然的胳膊，散步在略微擁擠的人群裡，感到前所未有的愜意和浪漫。經過小半天的遊玩，莫西和劉浩然坐在小蓮莊曲折的迴廊上休憩。

看著眼前滿池動人的荷葉，還有荷葉下池水輕快的波紋，莫西思緒萬千：時光流轉，年年月明，小蓮莊精美的迴廊也在歲月中破損滄桑。繁華過眼，煙雲散盡，只有自然的風景才會留下永恆的美麗和生命力。當然，吸引莫西的還有生長在這裡的人。不過是尋常百姓家，但是完全沒有忙碌和勞累，他們悠閒自得的日子裡透著寧靜，也透著親切和溫和。

「我們戀愛吧！」劉浩然突然對著莫西說道。

「什麼？」莫西沒反應過來。

「我喜歡妳，我們戀愛吧！」劉浩然又鄭重地說了一遍。

「這，這……」莫西居然有點猶豫起來。

「妳不喜歡我？」

「不，不是的。說實話我很喜歡你，只是現在我還沒做好戀愛的準備，我喜歡現在一個人的生活狀態。」

「我明白了。」劉浩然有點失落地說道。

莫西看著劉浩然失落的樣子，心一軟，竟然上前親了他一下。劉浩然受寵若驚，莫西更是滿臉通紅，只好轉移話題說道：「『此生若得幸福安穩，誰又願顛沛流離』。不知道為什麼，行走在南潯古鎮上我會想到這樣一句話，也許這裡太美，美的安逸，美的幸福，於是心生暖意。當時和顧小北說要來南潯，他笑我傻，說跑那麼偏遠的地方太耗時耗力，不是明智的選擇，聽他一說心裡還真猶豫了一下。只是當我來到這個古鎮時，沒想到內心是如此的安靜、幸福，甚至生出這樣的幻想：如果與愛的人一生一世生活在這裡，過著寧靜、浪漫的日子，生而無憾了。」

「以後我陪妳過這樣的日子。」劉浩然動情地說道。

莫西一愣，說道：「要死啦，說的這麼肉麻！本小姐肚子餓了，我們吃飯去。」

酒足飯飽後，莫西和劉浩然搭上精緻的烏篷船，在船尾村婦搖了千百年的槳聲中悠悠睡去。

在這裡，所有的時光都被拉得悠長，在這樣的悠閒中，漫步在這古老的街區，莫西相信人生如此便是最大的幸福了。

透過這次旅行，莫西明白了旅行就是一種生活。旅行的目的地固然重要，但旅行中的經歷體驗更是自己該關注的。欣賞沿路的風景，嘗試從未經歷過的生活環境，為身處現代都市的自己，覓得一處清靜的天空和幽謐的大地，安放我們的愛情和身心。

旅行攻略

- **寧靜**——旅行中，請放慢你的節奏。現代人的生活節奏都太快了，「快」就是壓力的一個重要來源。如果想要放鬆旅行，就一定要「慢」下來，細心體驗路上的風景和心情，從而真正地放鬆自己。關閉手機，關注內心，關掉現實生活，一心一意沉浸在旅行中。
- **行善**——旅行的時候順便多行一善。做好事本身就是減壓的最好方式，給別人帶來一份溫暖，也給自己增添了溫暖和快樂。旅行中，不妨順便去不知名的小學給孩子們帶點書籍、文具，或者幫助當地人做做農活，甚至悄然拾起一個垃圾，幫助別人買一瓶水等等，舉手之勞，卻可獲得不同的心境，何樂不為？
- **身心**——在大自然中吸收正能量。大自然空氣中含有大量負氧離子，對人的健康大有益處。大自然總是充滿了一種積極向上的生發力量，像空氣一樣可以呼吸進身體，減壓旅行，不妨去美麗的地方，即使什麼都不做，沐浴其中，身心就會得到很好的調養。

48、電影、音樂，週末小生活

零食、CD、書籍，剛剛旅行回來的莫西窩在沙發裡，想好好享受一下這個安靜的週末。正當她被電影情節感動得稀哩嘩啦的時候，突然傳來了敲門聲，顧小北和小米出現在她面前。

顧小北不滿地看了莫西一眼說道：「要死啦，回來也不找我們。」

「人家很累啦！想自己清靜清靜。」

「不管，今天我們就要在妳這裡了。」顧小北賴皮地說道。

「哇，莫西姐妳準備的很充足嘛！」小米拿著莫西的光碟片說道，「這些電影都是我超愛的，今天真是來對了。」說完，還非常自覺地佔據了沙發最好的位置，顧小北立刻跟了過去。

莫西很無奈，見到他們那麼自覺，只好默默忍受了。

顧小北一邊吃著東西一邊說道：「莫西，妳家的音響不錯哦！」

一提到音響，莫西當即來了精神：「那是，花了我好多銀子吶！現在購買音響的人，大多不是像我這樣的發燒友，他們更加注重外觀，現在的音響組合就越長越靚。但這類音響並非我嚮往的，比如平面音響，雖然有些音質效果也不錯，但並不能達到我想要的效果。我追求的是『聽覺享受』，達到標準的音箱外觀都很醜的。」

「受不了，還是老樣子，一談音響就一套一套的。」

「你倆煩不煩，打擾本小姐看電影啦！」小米不滿地說道。

顧小北瞪了莫西一眼，說道：「好，我們不說了，看電影，看電影！」

電影一直是顧小北和莫西的最愛，兩人在臺灣的時候就經常膩在一起看電影，經歷了從大電影院到小電影院的變遷過程。雖然人在長大，對電影的興趣卻沒有減弱，看電影依然是他們不可多得的享受。可以說兩人喜歡的電影類型，喜歡的電影音樂，喜歡的電影演員幾乎都一樣。

看到他們這麼默契，小米「醋從心起」：「不看了，什麼破電影！」

「不看剛好，不要打擾我們就行。」顧小北說。

「你這死顧小北，平時讓你和我看個電影也沒見你這麼認真啊！」

「那是妳挑的電影不行，還是莫西瞭解我，知道我喜歡看什麼樣的電影。」

「顧小北，你欺人太甚！」小米氣急敗壞地喊道。

莫西聽到他們的爭吵，一個頭兩個大。當然她也明白小米的小心思，說道：「小米，妳別理顧小北，從小到大他在看電影上就沒有安生過。和妳說一個搞笑的事情，那時我們老家有一個小電影院，為了吸引觀眾，電影的廣告詞寫的特別誇張。有一天貼出這樣一個廣告『一女子莫名暈倒，被七名男子強行拖入森林的故事』並有說明『女莫名暈倒，七男人強行拖入森林；等待美女的是……』一看到這樣的廣告詞，顧小北立刻就按捺不住了，買了票進去，結果一看是《白雪公主》。顧小北當場吐血，發誓再也不去這家電影院了。」

「活該。」小米超解氣地說道。

莫西接著說：「第二天，顧小北又路過這家電影院，見廣告有所變化，廣告這樣寫『一如花美女與七男人的數天驚濤駭浪般的銷魂（絕非《白雪公主》）』，他就覺得這個比上次更有吸引力，而且說明了不是《白雪公主》便又買票，結果大螢幕上出現片名《八仙過海》。顧小北當場暈倒。」

聽完顧小北非常不滿地說道：「莫西妳亂騙了，我才沒這麼沒品。」

「我完全相信顧小北是個超級沒品的人。」小米對顧小北做了鬼臉說道。

見他們不吵了，莫西目的達到，便說：「好啦，我們繼續看電影吧！我很好奇結局哦！」

到了北京後，加上顧小北有了小米，很多時候莫西都是一個人看電影，一個人沉浸在電影營造的氣氛當中，感受著主角的悲歡離合，思考自己的生活和人生。對她而言，電影就是一種感悟，一個生活的調味品。但是有像顧小北這樣志同道合的人，一起看電影也是一種享受，可以暢談各自對電影的理解，暢談各自對生活的感悟，對人生的思考，這樣的生活也不失為一種藝術。

電影、音樂攻略

- **電影**——對電影的選擇往往顯示了一個人的品味。好電影能帶給你心靈上的震撼，引起你的思考。那麼如何選擇電影呢？最簡單最偷懶的辦法就是看電影的評分，一般來說評分高的電影都是非常不錯的。另外也可以看評論選電影。他人的評論讓你對電影有一個基本的認識，你還可以從中發現不同人對電影的不同理解，這也是一種樂趣。
- **音樂**——音樂就像是沐浴心靈的陽光，帶給人一片五彩斑斕的世界。當然好音樂在選擇上也有一些原則。首先，樂曲中的低音厚實深沉，內容豐富，中、高音的音色要有透明感，具有感染力。其次，音樂中的三要素即響度、音頻、音色三個方面要有和諧感。這樣搭配出來的音樂，會使人的自我意識增強，提高自己的積極情緒。
- **分享**——無論電影還是音樂，和「知己」一起分享自己喜歡的事，這是何等的痛快！好好利用週末，別在哈欠連連中虛度了你的時光。

49、派對啦，我有一群「狐朋狗友」

直到今天，小米才知道那天錢莉莉和顧小北為什麼會在酒吧「約會」，他們是在秘密籌備一個生日Party，給小米和莫西這兩妖女慶賀。說來也巧，小米和莫西的生日居然是同一天。當然這個秘密只有顧小北一個人知道，莫西只知道小米比自己小兩歲。

Party很熱鬧，也很有氛圍，沒有舞臺燈光，顧小北奇思妙想，居然在屋頂圍了一圈手電筒當燈光，讓到場的個個稱絕。錢莉莉則給大家弄來了皇家芝華士的蘇格蘭威士忌。他們還邀請了很多人，俊男美女齊聚一堂，個個都有著單身貴族的氣派：Bobo那麼時尚漂亮，只是崇尚單身的她身上流淌著寂寞；陳琳已經不再那麼孩子氣，舉手投足間流露著女人的嫵媚；希娟更加肆無忌憚的妖媚，對男人有著更多的渴望和失望；陳浩話少英俊……

當大家酒都喝到六、七分時，錢莉莉說：「知道Chivas（芝華士十二年）總共有幾種喝法嗎？」

眾人搖搖頭。

錢莉莉說：「我突然覺得，每一種就是我們每一個人的性格和生活軌跡。」

大家都好奇地望著錢莉莉。

「最簡單的喝法就是直接飲用，或兌一點水帶出芝華士更濃郁的香氣。」錢莉莉指著小米說，「就像妳，永遠那麼簡單、單純。」

錢莉莉又望著希娟說：「第二種是芝華士曼哈頓，在玻璃杯內放入冰塊，分別注入起瓦士、馬丁尼酒和甜馬丁尼酒。充分混合後倒入另一個冰凍玻璃杯內。切一片柳丁皮在火上烤一下，待散發出香味後放入酒中，無論是色調還是口味上，都能讓你隨時體會到曼哈頓的絢麗夜色。就像希娟，稍微的修飾，就散發著她無限的女人味，使多少男人傾倒在她的絢麗中，但是她華麗的外表下確是冰冷的心。」

「莫西是芝華士薄霧。」看到莫西熱切的眼神，錢莉莉說，「在裝有碎冰的杯子中注入芝華士，加入鮮橙汁（需用新鮮橙擠榨），橙皮做裝飾。含蓄、溫暖，對男人而言有一種朦朧的美。」

錢莉莉又望著玉婷說：「芝華士碎冰。適量的芝華士、檸檬汁、糖水、蘋果汁、薄荷葉和薑汁啤酒。所有配方一起在波士杯中搖勻（除了薑汁啤酒），倒入加有碎冰的杯子裡，上面注入薑汁啤酒，薄荷葉做為裝飾。這就是我們的玉婷，把所有的單純醞釀出一種成熟和魅力。」

說著，錢莉莉啜了一口自己手中加冰的芝華士說：「我就是加冰的芝華士，適量的起瓦士，半杯冰塊，任何時候都可以飲用。當舌尖被芝華士的醇美感覺和冰塊的絲絲涼意包圍的時候，誰能想到芝華士本身的虛空呢？」

小米摟過錢莉莉說：「莉莉姐懂得真多！」

看到女人們的出眾，以劉浩然、顧小北為首的男人不甘落後，街舞、遊戲、比賽紛紛出籠，把 Party 推向了一個高潮。

最後大家圍坐一圈，點亮蠟燭，玩起了《紅樓夢》裡抽籤占花名的遊戲。錢莉莉宣布新規則，上下家必須親吻！莫西的心狂跳不已。一開始都是美女們親來親去，終於輪到莫西了。莫西默唸著劉浩然的名字，閉上眼睛，擲出骰子，天啊，下家居然是顧小北！酒喝了一瓶又一瓶，骰子轉了一圈又一圈，莫西居然一次都沒有親到劉浩然。當看到其他美女抱著劉浩然一通狂吻，莫西我恨不得把她們一腳踹飛。

如今，都市男女有很多機會參加派對。不管你的初衷如何，以什麼心態前往，現場都要當成是你的私人享樂時間，真正投入其中，才可能有趣味可言。莫西今天特別的高興，她很感激今天到場的這些「狐朋狗友」，給了她一個難忘的生日。

Party 攻略

• **酒水**——派對上，酒的選擇很重要。晚上通常比下午需要的酒多些，而週五和週六則要多於週日。如果天氣太熱，又是在戶外進行，那麼氣泡酒、白葡萄酒最好多於紅酒，而總數則應比往常少一些。這時，不妨準備一些啤酒，它的清爽是很多人期待的。另外，一個準備完美的酒會，除了酒以外還應該供應若干不含酒精的飲料，如果汁和礦泉水。無論如何，都少不了用它們來調酒，所以供應要充足。

• **食物**——酒水之外還要適當準備一些食物——即使是在最小型的雞尾酒會上。不供應一些小吃也是小氣和失禮的行為。在正餐之後的酒會上，雖然不一定要供應食物，但是有食物會更好點。這裡要求食物便於食用，開胃，但是不要上的太早。

• **器物**——很多酒對酒杯都有特別的要求，葡萄酒杯、香檳杯等各種 party 要用的杯子都要準備好。但是也沒必要用太貴的杯子，許多價格適中的酒杯就可以滿足你的品味需求。

• **節儉**——發出邀請後，應該清點一下人數，在派對的前一天，要確認一下有多少人臨時有事不能出席，有多少人要帶著家屬，從而決定準備多少酒水和食物。

Chapter 8

單著身走更遠的路

50、單身就是在累積資本

更多的時候，莫西覺得單身是一種自由，是自己累積人生資本的最好時機，於是她一直選擇和劉浩然曖昧著，不想讓自己這麼快地進入正式戀愛狀態，從而走入婚姻的圍城。但是單身時間長了，莫西也難免生出淡淡的傷感，甚至陷入一種糾結。她一直在想，風雨飄搖的人生哪裡才是歸宿？寂寞孤獨的長夜何日才是盡頭？她的內心也渴望著找一個人相愛、結婚，一起變老，把日子過成平平淡淡的嘮叨，把歲月溶化成點點滴滴細節。從此，單身只是一段必然經歷的記憶，繁華也好，痛苦也罷，只能把它埋葬在婚姻的荒塚，若干年後想起，依然是熱情四溢的年齡和一抹緋紅的心事！

在錢莉莉三十五歲的生日上，莫西問她：「莉莉姐，妳為什麼不結婚？」

錢莉莉笑笑說：「不結婚的話，全世界我都可以有性夥伴。」

錢莉莉的回答讓莫西咂舌。

「傻丫頭，和妳說著玩吶，我只是覺得生活應該享受，我還沒享受夠呢！單身，有錢有閒，事業大有前景，沒工夫結婚也沒玩夠。單身，我可以避開男女之間的煩惱，有更多的時間去追求自己想要的，做一個純粹為了自己而活的人。這個世界值得追求的東西太多太多了，我只能讓自己專心地一樣一樣去完成。」

現在錢莉莉有自己的生活圈子，有自己的生活方向，對她而言，在感情上單身就可以讓自己輕易地去愛，輕易地去失去，當曾經深愛的人轉身離去的剎那，嘴角還留有玩世不恭的笑容，臉上掛著一抹無妨的表情。她可以用更多的異性來填補自己的空虛，安慰自己的傷口。也正是因為單身，她可以輕易去犯錯，也有機會去修正，只有這樣，她認為才會在得到與失去中慢慢成熟。

在莫西的心目中，錢莉莉絕對是一個女神般存在的人，她瀟灑、迷人、能幹、精明，精心經營自己的生活，沒有負擔，沒有對誰承諾，可以去選擇，去追求所愛的人和事。「單身」鬱鬱蔥蔥地開在錢莉莉心底，有著映山紅的嬌豔，和初升紅日的熱烈，如同一卷風格豔麗的春日山水畫，度著明明白白的人生，過著糊糊塗塗的歲月。

想到這裡，莫西真誠地說道：「莉莉姐，妳真勇敢！」

「悄悄告訴妳哦，我現在正在學習外語，打算留學。」

「留學？」莫西很吃驚。

「一直想到國外去看看，不是旅遊那種的，而是實實在在地想去生活一段時間。以前沒錢，沒時間，現在透過自己這麼多年的累積，有條件去做這件事了。也認識一些人，他們都有過國外的生活經歷，他們建議我透過留學來實現。當然，這很有難度很具挑戰性，上個月我剛剛把申請書發送到英國的一所大學。」

錢莉莉的話讓莫西對她刮目相看。單身，讓很多人從年輕一路走向成熟。在成熟後，感覺累了，就渴望結束單身，找個老公，把歲月走成地老天荒。如一首歌裡這樣唱道「找一個心愛的人來告別單身。」是的，當經歷過似水年華之後，哪一個單身的人不想走進婚姻這座圍城，去經營人生的另一種境界？特別是到了錢莉莉這個歲數，很多都是向婚姻妥協。但是錢莉莉不，她目標明確，單身對她而言是一種生活方式的選擇。在單身這段歲月中，她始終心無旁騖地累積、充實著自己，如今，她終於有能力和條件去實現自己的人生理想，這真讓莫西羨慕，同時也讓莫西明白了，單身不是一種無奈，而是對自己對人生的一種清醒的認識，是自己累積人生資本的一個過程。

看著錢莉莉，莫西在心裡默默地對自己說：「加油莫西，妳的人生也可以很精彩的！」

資本累積攻略

- **能力**——所有人取得的成就都和其自身的能力息息相關，只有能力才能創造出一個人的價值。因此，要各方面提升自己的能力，比如多參加富有挑戰性的活動、擴大個人的交往範圍、注意改變不良的習慣和惰性等全方位地提升自己的能力，成為真正有能力有實力實現自身理想的「單身貴族」。
- **經濟**——只有有能力讓自己過上理想生活的單身者，才能冠以「單身貴族」的名號。因此，不能讓自己過得太寒酸，擁有一定的經濟收入，做好理財，累積一定的資金，才能達到自己理想的生活狀態，充實自己的精神生活。
- **精神**——人的本性是不願意孤獨的，一個人選擇過單身生活也需要勇氣，因此單身男女必須有強大的精神狀態，練就保持愉悅情緒的本領。單身者應該為自己營造一個相當豐富的精神世界，培養興趣愛好、看書學習、旅行交友……透過種種方式獲取獨自生活的樂趣。

51、我是「超女俠」

莫西今天不知道怎麼了早上覺得頭很痛，眼睛澀澀的，覺得很不爽。中午午休的時候覺得呼吸困難的，難以入眠。下午上班的時候，大家穿者短袖開著風扇，似乎夏天又來了，只有莫西穿著兩件厚衣服還覺得冷。整個下午頭很重，臉部發熱，很難熬。下班後莫西去買了個溫度針，第一次三十八度半，第二次三十九度，這時她不再懷疑了，確實是發燒了，立刻去診所。

打了針，吃了藥，莫西洗了個很熱很熱的澡，喝了幾百毫升的熱水，蓋上被子，汗終於出來了，可是還是很不舒服的，便一個人躺在床上期期艾艾對著天花板抱怨起來。以前在家，生病了有爸媽照顧著，莫爸會不斷來摸摸莫西的頭，莫媽不斷幫她換毛巾，那時莫西覺得感動也覺得那是應該的，但今天她才感受到那不是應該的，這麼大的人了，要學會自己照顧自己，而不是有事就找別人。長那麼大了，學會自己獨立面對身邊的一切才是重要的。

「咚咚咚……」有敲門聲，莫西掙扎著起來開門，一看是顧小北。

「要死啦，打電話也不接，以為妳出了什麼事了。」顧小北邊進門邊說道。

莫西在見到顧小北的那一刻，不知怎麼的眼一熱，竟然哭了出來。

「怎麼啦，怎麼哭了？」

莫西抹了抹眼淚說：「見到你感動。」

「看妳很憔悴，生病了？」說完，顧小北用手摸了摸莫西的額頭，「要死啦，額頭這麼燙，吃藥了嗎？」

「吃過啦，現在已經好多了。」

「趕緊回床上去。」

莫西回到床上靠著，顧小北倒了一杯水給她，坐在床邊說道：「晚上想吃什麼，我去給妳買來。」

「呦，鐵公雞會為我花錢啊。好啊！那我要吃鮑魚海參。」莫西開玩笑說。

「買、買！」

「小北子，沒想到你對我挺好的嘛！」

「別拍我馬屁，只此一次。不過不是我說妳啊，我一直懷疑妳不是一個純粹意義上的女人，妳看吧，生病了可以自己照顧自己，大雨天沒人送傘可以自己冒雨跑回來，會修電腦，會安電燈——簡直就是神一樣的雌雄同體。」

莫西白了顧小北一眼：「你這是誇我呢？還是損我？」

「誇妳，絕對的誇妳。妳是我見過自理能力最強的女人。」

「那必須的，我是『超女俠』，上得了廳堂，下得了廚房，人見人愛花見花開，無所不能。」莫西驕傲地說道。

自從自己一意孤行地來到舉目無親的北京，莫西就明白了一定要學會自己照顧自己——會做飯，會洗衣服，會最起碼的生存之道，知道幾條生活中的小竅門。莫西明白自己將要獨自面對生活的每一天，要是自己連個襪子都不會洗，做的菜連豬都能鹹死的話，除非比爾．蓋茲是你乾爹，否則再有錢也一樣會被人鄙視。

面對莫西的自吹自擂，顧小北撇了撇嘴說道：「『超女俠』，明天要不要幫妳請假，別去上班了。」

莫西把頭搖得像撥浪鼓似的：「不行，『超女俠』是不會被疾病打敗的，就算要被打敗，我也一定要『戰死沙場』！」

「好吧！那就請女俠好自為之了。」顧小北無奈地說道。

顧小北非常瞭解莫西，她是一個生活和工作能力很強的人（當然這也是單身人士必備的基本素質），把自己的生活和工作都安排的井井有條樂趣橫生，對她而言生病這種小事完全可以搞定的，用不著柔弱地哭爹喊娘的。剛來北京的時候，顧小北也是如此。

不論工作還是生活，不依賴他人，自己照顧自己，這是每一個單身男女都要面對的活生生的現實，只有做到這一點才能讓自己的單身生活過得充實、堅強。

生活自理攻略

- **柴米**——單身男女要會做飯，而且最好有一兩樣拿手菜，不僅可以當作犒勞自己的一種方法，更是可以向身邊的人證明自己的生活能力，證明自己是上得了廳堂，下得了廚房的美嬌娘或帥鍋鍋，可謂一舉多得。

- **疾病**——生病的時候，難免會脆弱，但是一定要讓自己堅強，學會自己去看醫生，自己去打針、吃藥，自己照顧好自己。當然也可以找好友陪陪自己，獲得一種精神安慰，這不是懦弱的表現，而是一種精神需要，更有利於調節自己的心情。
- **工作**——不做工作狂，但是有很強的工作能力，公私分明，雷厲風行，讓自己成功轉型為職場「白骨精」，練就一身本領，能夠在職場中呼風喚雨。
- **改良**——注意改變不良的習慣和惰性，假如遇事總是遲疑不決、優柔寡斷，就要主動地鍛鍊自己分析問題的能力，迅速做出決定；假如總是因循守舊，半途而廢，那就要從小事做起，努力控制自己，不達目標不甘休。只要下決心鍛鍊，人的應變能力是會不斷增強的。

52、青春舞臺魅力不倒

老頑童六十大壽，準備在公司裡辦一個派對，為了這個派對公司裡一陣騷動，要知道，除了公司的人，還有其他公司的大人物出席，大家都想著在派對上秀秀自己的青春魅力，讓自己能夠結識那些大客戶，以後職場之路說不定可就平穩多了。正在累積「超能量」的莫西當然不能錯過這次千載難逢的好機會。那麼，怎麼才能讓自己在派對上完美勝出呢？莫西真是頭痛，她只好去找顧小北這個死黨商量了。

聽到莫西的「野心」後，顧小北狂笑不已：「要死啦，就妳這個德性，在公司裡應該算是『嬤嬤』級別的人物，還和那些小姑娘爭豔啊！」

一聽顧小北這樣說，莫西不禁怒火中燒：「顧小北，你就是狗嘴裡吐不出象牙，我還是妙齡單身女郎，身後仰慕我的人多著呢！」

「好好，用大陸話說妳是香餑餑，大家都愛妳。不過我可提醒妳，男人都是視覺動物，要在視覺上吸引他們，不過只靠這一點還不行，單有外表，沒有內涵的女人可是不能長久吸引人的。不過，我倒不是擔心妳的內在，主要是擔心妳的外在，就妳那品味，這麼多年都吸引不了我，更不要說其他人啦！」

「我的品味，我的品味怎麼了？」

「妳還好意思說，記得那個畢業派對嗎？想想妳都穿了什麼？」顧小北提醒莫西說。

那時莫西年少，只是一味地追求個性，也非常的大膽和出奇，總以最另類的方式出現，想使人眼睛一亮，帶給人震撼和驚奇，於是她特意戴上了一個黃色爆炸式假髮，穿上口袋似的褲子、厚底鞋，耳朵上掛滿了飾物。她不信憑她這一身另類的打扮會沒有人注意到她。結果卻使莫西備受打擊。原來，所有人見到她，先是一愣，然後都掩著嘴笑著離開了。整個派對，沒有人主動過來搭話，更沒有人邀請她跳舞，把莫西美美地晾在了一邊。

想到這麼難堪的事，莫西臉一紅說道：「此一時彼一時啦，你就等著吧！我一定證明給你看我莫西依然是人見人愛花見花開的妙齡女子。」

步入社會之後，莫西已經明白了一個道理：玩個性和玩另類是兩個概念，更何況自己那又不是真正的另類。所以，無論做什麼，平時盡量不要選擇「另類」來秀自己，那樣只會適得其反，顯得自己不成熟，徒惹他人笑話、排斥。個性不被埋沒，並不是說你要很另類地出現，做些奇形怪狀的打扮，而是挑選適合自己的性格、品味的裝扮就行了。就像現在的明星，很多人出席派對時已經不再穿的十分嚴肅，他們用各種適合自己的短褲、小西裝來代替那些小禮服、手拿包以及拖地希臘式長裙，為的就是不讓自己淹沒在差不多的禮服當中。

見顧小北那小子不能給自己中肯的建議，莫西只能回去自己琢磨了。想來想去，她給自己選了個低腰絲綢褲配上小花螺紋羊毛背心，再配上一雙蛇皮短靴，她獨具匠心地將各種不同質地的衣物穿在身上：絲綢長褲有極好的垂蕩感使人覺得很考究；印了花的羊毛背心有些出人意料，給人驚奇、驚豔的感覺；而蛇皮靴則讓她看起來更加的貴氣。這樣的裝扮，不但顯示了她混搭的膽量，而且充分地展示了她的時尚、個性。果然，在派對上莫西居然可以和錢莉莉平分秋色，身邊圍繞了一大群人，這是她想都沒想到的。加上莫西不凡的談吐和學識（幸好她平時一直很注重學習），成功地避免了淪為只是花瓶的命運。

這個社會中，大多數人都是勞苦大眾，除了把目光關注於自己的工作、生活，並被其佔據著全部的精力和時間，很難再去思考其他。但是，看到身邊的人一點不一樣，對一樣東西有著比自己更高、更專業的追求時，往往在心裡他們會對這個人充滿敬仰，會不自覺地以他馬首是瞻。所以，莫西明白想要自己魅力不倒，要他人都簇擁在自己的左右，就得好好地運用這個心理，運用自己的獨特品味來吸引他人，讓他人被妳的品味感染、折服，讓他們圍繞著妳，充分顯示出女王的號召力。比如，對音樂的追求、挑剔和見解，會讓身邊的人生出望塵莫及的羨慕；對美酒的品鑑和研究，會使身邊的人覺得妳高雅、講究；對電腦的超高要求和科技產品資訊動態的敏銳掌握，會讓身邊的人對妳信任、依賴……

魅力攻略

・**認識**——請一定記住：高級品味並非單純的物質上的奢華，而貴在舒適，同時兼顧個性、時尚和優雅的生活體驗，這才是真正讓人著迷的地方，比如追求藝術與美感、物質與文化的融合。

・**愛好**——把自己的愛好發揮到極致，比如，你喜歡酒，那麼就讓自己對酒有充分的認識和品鑑，成為別人心目中的「酒神」、「酒聖」；你喜歡音樂，就對音樂有著最高雅的品味；喜歡茶道，就應該對茶道藝術有比常人更深的理解。

・**衣飾**——穿的、用的，有條件的話選擇那些專門訂製的東西，比如首飾、衣服等等，這樣有別於他人的時候，讓別人更加感覺到你的講究和品味，對你望塵莫及。

・**時尚**——讓自己懂得時尚，跟著時尚走，玩最熱門的遊戲，做最時尚的事情，這樣不僅表現了你的拓新精神，更是讓人覺得你對生活的熱愛和追求，讓人對你產生羨慕的同時，更加願意追隨你。

53、單身人氣旺

自從擔任公司銷售部經理後，業績一直不錯，只是公司的產品雖然在本市銷量不錯，但在他市卻經營慘澹，於是，莫西被老頑童委以重任，到他市改變這種慘澹經營的狀況。

莫西風塵僕僕地趕到他市時，她吃驚地發現公司的產品居然全部堆在倉庫，上面厚厚的一層塵土，根本就無人問津。天啊！如何才能改變這種情況呢？莫西陷入了深思……

一天，莫西看電視看到一個小孩正在趕著一頭大羊進羊圈，看著那頭大羊進羊圈，後面的羊也紛紛跟著魚貫而入。此情此景讓她茅塞頓開，她想到如果在這裡找到這樣的一家「領頭羊」的商店來銷售，並迅速地創造出銷售業績，這樣整個銷售局面就可以打開了。她想到了本市那家最大的商場。

然而，當莫西到商場後，商場經理根本不見她這個聽都沒聽說過的小人物，吃了一次又一次的閉門羹。正當莫西灰心喪氣的時候，她突然想到錢莉莉曾經給她引薦過一個職場能人，莫西知道那個人對自己印象不錯，現在正好在本市出差，莫西抱著試試看的心態，便打了電話聯繫對方。還真是巧了，他居然和商場經理私交不錯，答應幫莫西引薦。

有人引薦，莫西第二天就見到商場經理，經過一番耐心、細心的講解後，莫西成功說服了商場經理，讓公司的產品成功進入商場。

經過這件事，莫西算明白了，現實中總是會遇到這樣的情況，眼前明明就是很大的一塊肥肉，你就是抓不著、拿不到，總是差那麼一點點。但是，這時若是有人願意推你一把，或扶你一下，你就可以順利地拿下眼前的肥肉。就像在職場，你努力了很久，卻沒能打動上司的心，或你業績非凡，總不能獲得提升，因為在老闆的眼中你只是一個微不足道的小人物。但是如果有了老闆眼中「貴人」的金口玉言，你的身分在老闆眼中突然就不同了，成了他們眼中首要的人選了。

談完事情後，商場經理笑著對莫西說：「沒想到你們公司派來的是這麼一位年輕漂亮的女中豪傑。」

聽到有人誇自己，莫西心裡暗暗地美了一把，但是嘴上還是謙虛道：「哪裡哪裡。」

「冒昧地問一句，莫小姐有男朋友了沒？」

莫西臉一紅矜持地說道：「還沒呢？」

「莫小姐這麼優秀的想必追求的人一定很多吧！」

「沒有啦！」

「如果不介意，我倒是可以給妳介紹幾個本市的青年才俊。」商場經理笑著說。

「好啊！」莫西爽快大方地答應道，「如果成不了男女朋友也可以成為朋友，我正要經理您給我引薦引薦本市的人才呢！以後我來這裡走動的時候也方便啊！」

沒想到那個商場經理是個性情中人，說風就是雨的，真的打了幾通電話，安排了一個所謂的相親飯局。

飯局上，莫西談笑風生，加上單身的魅力，那些什麼黃金王老五、青銅王老五、硬幣王老五的，個個都向莫西獻殷勤，想博得她的青睞，這可是大大滿足了莫西這個小女人的小小虛榮心。

不過莫西這個小女子可不簡單，有著自己的小算盤，她知道這些人都是她的人脈資源，今後定然會對自己大有用處的。她一直明白，一個人事業的成功，財富的累積，百分之八十歸因於與人相處，百分之二十才是來自於自己的能力和心靈。每個人都離不開社會，人的成功只能來自於社會及他所處的人群當中，只有在這個社會、人群裡八面玲瓏、如魚得水，才能更好地拓展自己的道路。如果你不重視人脈，不注意與人交往，難免處處碰壁。

她更是很得意地給自己歸納了人際交往四原則：春種，乍見之歡，讓他人喜歡上自己；夏護，久處之樂，大家其樂融融；秋收，網羅之多，各行各業朋友；冬藏，用時之便，條條道路通羅馬。

莫西成功地打贏了這一仗，回公司後不僅成為功不可沒人人稱讚的巾幗英雄，老頑童更是給了她一筆豐厚的獎金。嚐了甜頭，莫西更覺得要利用自己的單身優勢擴大個人的交往範圍，無論公司，還是公司外，都可能會遇到各種需要應變能力才能解決的問題。因此，只有首先學會應對各式各樣的人，才能推而廣之，應付各種複雜環境。當然，擴大自己的變化範圍，也是一個不斷實踐的過程，莫西告訴自己還得加油。

人脈攻略

・**結交**——找機會結交一些成功人士，並經常和他們保持聯繫。當然最重要的是要鎖定有用人脈，明確標出有用的人脈，並隨時隨地保持聯繫，精準付出。當然，也要偶爾對其他人脈提供幫助，「有用」、「無用」總是瞬息變化的。

- **形象**——在自己的關係網中樹立良好的形象，做一個善於推銷自己的人，想盡辦法增加自己的曝光率，讓認識的人瞭解你、知道你，並很清楚地明白你的能力所在，以及你能給他們的幫助和服務，得到他們的肯定。
- **建檔**——建立詳細完善的人脈檔案，並時常更新其中資訊，能在最快的時間裡找到你所需要的人脈資料。
- **分享**——懂得與他人巧妙換取人脈，要知道分享人脈、從他人那裡巧妙換取人脈是使你人脈增值的最佳方法。

54、不羈絆的人生快意恩仇

對中國大多數讀者而言，知道英國女作家佛吉尼亞·伍爾芙是從她女權主義特色的名著《一間自己的屋子》開始的。莫西也看過這本書，她非常贊同伍爾芙說過的一句話「經濟獨立可以使女人不再依賴任何人；有一間自己的屋子，女人就可以平靜自在地思考問題。」雖然莫西現在搬了一次家，換了一個大一點的環境和好一點的小窩，但終究是租的，想要讓自己更加的自在和自由，還得想辦法自己買個房子。但是以她目前的財力在北京買房的話還有點癡人說夢了，但是莫西知道只要自己有這個目標並一直努力若干年後一定可以實現的。她認識的那些單身貴族，基本上都是如此。

說到莫西認識的那些單身貴族，這是一個很奇特的群體，他們彼此熟悉，又保持一定程度的陌生，因為陌生而快樂。這群人裡有藝術家、煙草販子、單親媽媽等等，真可謂是魚龍混雜。很多時候在拋棄喧嘩和老闆的夜裡，他們呼嘯而出，在這個城市的任何一個角落呼風喚雨，燈紅酒綠。對這群人而言，單身，是人生的瘋狂，卻可以在花花世界的燈紅酒綠中醉生夢死，回家後，依然不會有人責備；單身，是人生的痛苦，卻可以在風風雨雨的路上盡情馳騁，不用擔心什麼障礙；單身，說白了就是一個人睡覺、吃飯、上下班，過自己認為最簡單最暢快的生活。

這些單身貴族中有一個鑽石王老五，是莫西參觀一個畫展時認識的，一個個體藝術家。莫西只是討好地給他點了個火，說了幾句關於自己對畫的認識，他就把一套紅木的畫框送給了莫西。當然，在以後的日子裡，他們交往很不錯，從彼此身上發掘了很多驚喜。

這個曾經的鑽石王老五最近卻要結婚了，這讓很多人都吃驚不小，結婚的前一天，他請大家狂歡，「瞻仰」他最後的「遺容」，與往事乾杯。席間，鑽石王老五傷感地唱道：「是誰遇見誰，是誰離開誰，我們誰也說不清。是誰想著誰，是誰愛上誰，你曾經給我安慰。總是有人來了又去，年年歲歲花相似，歲歲年年蝶不同。」

唱完，鑽石王老五無比感慨地說道：「單身時，我們的臉上寫滿了不屑，所有的理由都無法阻擋瀟灑時揮金如土的氣派；單身是那彈指江湖、快意人生的歲月，心比天高的我們做著一個又一個的美夢。」

一個朋友聽完打趣地說道：「揮金如土，我們可沒有你那個氣派，對我們而言不過是把自己的幸福交給了上帝，聽天由命罷了。」

「別把自己說的那麼悲情，」鑽石王老五反駁說，「我看你們挺享受單身生活的，可惜我明天就要進圍城了，兄弟們舉杯為我哀悼吧！」

這一晚，大家都喝了很多，或哭或笑。王老五在離去的時候忽然狠狠地摟住莫西的雙肩，深刻的說：「願上帝保佑妳，親愛的，再見！」望著王老五遠去的背影，莫西有些許的傷感。她知道他並非真想結婚，他是一個放蕩不羈的傢伙，早已經習慣了單身的自由瀟灑，結婚不過是他對家人的一種義務，對心愛女人的一個義務。祝福你，莫西在心裡默默地唸道。

這幾年的生活磨練，莫西成熟了很多，加上單身的自由，她想的最多的是反省自己什麼事情上走了彎路，自己還有什麼東西是欠缺的。她更在乎自己的感受，對於成功、自信、美麗，她說：「如果單身讓我對這些東西更看中，我希望這段單身的時間讓我明白更多的事，一直延續到結婚、變老。我希望自己到老了仍是一個成熟的、美麗的、自由的女人。」

排遣寂寞攻略

・**手機**——單身男女一定要有一款漂亮的手機，手機會是自己最好的玩具，有時候深夜裡失眠，手機會是最好的聊天室，在忽明忽暗的淡藍色螢幕上和人聊著自己的孤單；寂寞時發送訊息給遠處的朋友或者戀人，只為吐一吐自己的心情。手機讓自己安然度過每一個寂寞的夜晚，以便第二天能夠以瀟灑的姿態開始新一天的生活。

・**小窩**——時髦的單身男女不會和父母同住，獨立的單身男女不會和情人同住。讓自己擁有自己獨立的空間，就像伍爾芙說的一樣：「一個女人要擁有自己獨立的空間才能自由地思考。」於是，在老舊的城區租一間有松木地板的房子，一般一室一廳或兩室一廳。地板上放著漂亮的靠墊，有一個大浴缸，可以用芳香的花瓣與浴鹽服侍自己，讓自己的生活瀟灑愜意。

・**影片**——單身男女不看無聊的電視劇或煽情的綜藝節目，喜歡歐洲片，擁有數量不少的光碟片，在深夜靜靜地一個人觀看，不過偶爾也欣賞情色電影，那實在值得原諒，因為單身是一件多麼寂寞而美麗的事啊！

・**閱讀**——閱讀是一種習慣。一邊在音樂裡陶醉，一邊流暢地閱讀所愛的文字，這是一種享受。也許自己永遠不能成為作家，可是可以熱愛文字，可以在夜晚的網站上貼上一張自己新寫的文章，它或許是一篇小說也可能只是一段心情故事，但是自己會被瞭解、被欣賞。

55、渡人、渡己，給自己辦個「禪修班」

對莫西而言，舒服愜意是單身的唯一標準，她並不刻意去追求什麼另類、瀟灑，只是喜歡這樣的一種自由的生活狀態，喜歡這樣一種充滿無限可能性的不羈絆的人生。她始終認為人生在世，需得有一舒適的姿態。此非隨心所欲地倒在沙發上看電視的「舒適姿態」，而是心與身、神與形相契合的人生狀態。

現在莫西租的這個小窩，整體設計中性且不乏女性的溫柔，寧靜、舒適。這個小屋對她有著與眾不同的意義。小窩裡有一個大廚房，大大的冰箱好像儲存了吃不完的東西，哈根達斯的包裝誘惑著饞嘴的人們。

莫西是個好交友的人，通常週末在小窩裡都有一個小型的聚會，大都是未婚男女，聊工作、聊感情、聊服裝、聊流行的新玩意兒……更多的時候，莫西一個人在家裡待著，看書充電。身為一個感性的小女子，她骨子裡還是有著文學情結的，可是現在很少有整塊的時間讓她隨意閱讀了，為了不斷提高自己的業務水準，通常她會選擇和工作有關的，比如市場銷售計畫、怎樣建設一個品牌之類的書籍。唯一保留下來的習慣讀物是一本文學刊物，她仍舊每期必讀。

對莫西而言等到熄燈睡覺已經是凌晨一點的事情了。現在的她很容易穩定和安靜下來，連跑出去的心也收了不少。早幾年的時候她也瘋過，雖然不會喝酒，一杯就醉，照樣狂歡。因為那時候覺得工作壓力大，下了班一定要找個特別熱鬧的地方，也知道那不是自己的真實狀態，但就是需要那種瘋狂來宣洩，似乎把自己扔在人堆裡才可以解壓似的。那時的她，光西服就有六、七十套。現在她的心態已經很從容了，一個人的生活安排得很充實。

對此顧小北深有感觸地說道：「要死啦，我們的小黃毛丫頭真的長大了，自己把自己照顧的很好，看來真不用我擔心啦！」

小米則一臉羨慕地說：「莫西姐，真是佩服妳，一個人能把日子過得這麼舒服，像我就不行了，幸好我有我親愛的小北。」

而錢莉莉則說：「能把單身生活過得如此愜意的，除了我，妳是我遇到的第二個人。

當一個女人有了足夠的能力支配經濟的時候，對於生活的操作自然也寬鬆和順利起來。快樂地花自己的錢，經常會讓一個人從物質的束縛中解脫出來，有了新鮮的空氣。」

雖然如此，現實生活中遇到的困難和挫折亦是很多，期間莫西著急過、糾結過、掙扎過、努力過，表現的非常的不淡定。但是莫西知道：如果，你的脊樑承受不了現實的壓力，再多的抱怨，也只是抱怨，根本改變不了什麼，反而會讓你身邊的人看不起你，而你自己也只是在抱怨中庸碌一生。吃過多次虧後，她學會的便是讓自己先冷靜下來，安靜從容地去面對。她也明白面對紛繁複雜的世界，總有很多很多自己看不慣的，自己不贊同，自己不喜歡的，既然無能力去改變，那只能讓自己調整好心態去積極適應。

是的，人生短短，實在不易，生而為人，飄搖於世，要給自己辦一個「禪修班」，提升自己的人生境界，讓心靈找到歸屬。要知道：「春有百花秋有月，夏有涼風冬有雪，若無閒事掛心頭，便是人間好時節。」

境界攻略

・**人格**——如果你不安、你恐懼，那並非全是環境使然，而很可能是因為你的內在還有一個不安、恐懼的自己，那個自己甚至還是一個怕黑、離不開爸媽的小孩。對這樣的你，應盡可能讓自己擁有一個樂觀人格，不盲目自暴自棄，對生活、對工作、對未來充滿信心。

- **認知**——我們年輕，也就比經驗豐富的年長者多一些學習機會。遇到困難和挫折時，堅強起來，積極調整自己的認知，多從正面、光明的角度來辨證看待逆境，化危機為生機，從逆境中磨練自己的壓彈（註8），從失意中提高自己的生活智慧。
- **技巧**——努力學習生活、工作應對技巧，如迎難而上、自我控制、籌劃問題、尋求支援、逃離／迴避、隔離問題等技巧。尤其不要忽視幽默的作用。幽默可以化解煩惱，釋放情緒，並使人不斷體驗愉悅心情，從而更好地調整心態，化解內心有種種負面情緒。

註8：壓彈：按照美國心理協會定義，壓彈是指個人面對生活逆境、壓力、挫折等應激狀況的正面評估和有效應對能力。

國家圖書館出版品預行編目(CIP)資料

一個人住的幸福 / 高小木作. -- 第一版. -- 臺北市 : 樂果文化出版 : 紅螞蟻圖書發行, 2014.11
面； 公分. -- (樂生活 ; 23)
ISBN 978-986-5983-80-2(平裝)

1. 生活指導

177.2 103019182

樂生活 23

一個人住的幸福

作 者 ／ 高小木
總 編 輯 ／ 何南輝
責 任 編 輯 ／ 韓顯赫
行 銷 企 劃 ／ 黃文秀
封 面 設 計 ／ 鄭年亨
內 頁 設 計 申朗創意

出 版 ／ 樂果文化事業有限公司
讀者服務專線 ／ （02）2795-3656
劃 撥 帳 號 ／ 50118837 號 樂果文化事業有限公司
印 刷 廠 ／ 卡樂彩色製版印刷有限公司
總 經 銷 ／ 紅螞蟻圖書有限公司
地 址 ／ 台北市內湖區舊宗路二段 121 巷 19 號（紅螞蟻資訊大樓）
電話：（02）2795-3656
傳真：（02）2795-4100

2014 年 11 月第一版 定價／ 260 元 ISBN 978-986-5983-80-2
※ 本書如有缺頁、破損、裝訂錯誤，請寄回本公司調換